EL GAUCHO MARTÍN FIERRO
LA VUELTA DE MARTÍN FIERRO

JOSÉ HERNÁNDEZ

El gaucho Martín Fierro
La vuelta de Martín Fierro

EDICIONES
CLÁSICOS UNIVERSALES
EDICIÓN ÍNTEGRA

© De la edición: José Golacheca
© Diseño cubierta: Felipe Torrijos
Ilustración cubierta: Jenaro Pérez, *Escena de hombres,* 1888
© De la colección: Proyectos Ánfora, 1999
© De esta edición: JORGE A. MESTAS, Ediciones Escolares, S. L.
                     Avenida de Guadalix, 103
                     28120 Algete (Madrid)
                     Tel. 91 622 12 94
                     Fax: 91 885 75 11
                     E-mail: jamestas@arrakis.es

ISBN: 84-89163-51-0
Depósito legal: M. 22659-2000
Impreso en España por: Melsa, S.A.
Carretera de Fuenlabrada a Pinto, km. 21,8
28320 Pinto - Madrid
Printed in Spain - Impreso en España

Primera edición: mayo 1999
Segunda edición: julio 2000

EL GAUCHO MARTÍN FIERRO

NOTA DEL EDITOR

José Hernández nace en el lugar denominado Chacra de Puey-
rredón, Partido de San Martín, Provincia de Buenos Aires, el 10
de noviembre de 1834. Transcurre gran parte de su infancia y ado-
lescencia con su abuelo paterno en un ambiente campesino, que
dejaría en él profunda huella y que más tarde aflorará en su obra.
En su juventud toma parte en los acontecimientos políticos de su
tiempo. El gobernador de Buenos Aires, Juan Manuel de Rosas,
que había asumido la dirección del país de forma dictatorial, es
derrocado en 1852, y se abre una pugna entre Buenos Aires, que
no acata la Constitución de 1853, y las provincias. Por estas fe-
chas el autor de *Martín Fierro* se encuentra entre las fuerzas adic-
tas al Gobierno de Buenos Aires, pero en 1856 se hace miembro
del partido federal reformista. Funda y dirige un periódico polé-
mico, *El Río de la Plata,* que no alcanza un año de vida. Tras unir-
se, en 1870, a la frustrada revolución contra Sarmiento, tiene que
exiliarse en Santa Ana do Livramento, en Brasil, de donde regre-
sará tras la amnistía de Sarmiento con *El gaucho Martín Fierro* bajo
el brazo. Ahora se dedicará en la capital a la labor literaria y po-
lítica. En 1872 publica *El gaucho Martín Fierro,* con gran acepta-
ción de público, ya que la primera edición se agotó en menos de
dos meses. Siete años más tarde aparece la segunda parte, *La vuel-
ta de Martín Fierro.* El prestigio de su obra literaria le convertirá
en senador por la provincia de Buenos Aires, cargo que desem-
peña hasta su muerte, ocurrida el 21 de octubre de 1886, en su
finca de Belgrano, y que un diario reseña: "Ayer murió el Sena-
dor Martín Fierro".

Los vocablos que aparecen en *cursiva* tienen una explicación en el
Vocabulario (págs. 147-158); los vocablos marcados con un asterisco
(*) van al final de dicho Vocabulario, y los que van en *cursiva negrita*
son los que se reflejan en *cursiva* en el original.

SEÑOR D. JOSÉ ZOILO MIGUENS

Querido amigo:

Al fin me he decidido a que mi pobre *Martín Fierro,* que me ha ayudado algunos momentos a alejar el fastidio de la vida del hotel, salga a conocer el mundo, y allá va acogido al amparo de su nombre.

No le niegue su protección, usted que conoce bien todos los abusos y todas las desgracias de que es víctima esa clase desheredada de nuestro país.

Es un pobre gaucho, con todas las imperfecciones de forma que el arte tiene todavía entre ellos, y con toda la falta de enlace en sus ideas, en las que no existe siempre una sucesión lógica, descubriéndose frecuentemente entre ellas apenas una relación oculta y remota.

Me he esforzado, sin presumir haberlo conseguido, en presentar un tipo que personificara el carácter de nuestros gauchos, concentrando el modo de ser, de sentir, de pensar y de expresarse que les es peculiar, dotándolo con todos los juegos de su imaginación llena de imágenes y de colorido, con todos los arranques de su altivez, inmoderados hasta el crimen, y con todos los impulsos y arrebatos, hijos de una naturaleza que la educación no ha pulido y suavizado.

Cuantos conozcan con propiedad el original podrán juzgar si hay o no semejanza en la copia.

Quizá la empresa habría sido para mí más fácil, y de mejor éxito, si sólo me hubiera propuesto hacer reír a costa de su ignorancia, como se halla autorizado por el uso en este género de composiciones; pero mi objeto ha sido dibujar a grandes rasgos, aunque fielmente, sus costumbres, sus trabajos, sus hábitos de vida, su índole, sus vicios y sus virtudes; ese conjunto que constituye el cuadro de su fisonomía moral, y los accidentes de su existencia llena de peligros, de inquietudes, de inseguridad, de aventuras y de agitaciones constantes.

Y he deseado todo esto, empeñándome en imitar ese estilo abundante en metáforas, que el gaucho usa sin conocer y sin valorar, y su empleo constante de comparaciones tan extrañas como frecuentes; en copiar sus reflexiones con el sello de la originalidad que las distingue y el tinte sombrío de que jamás carecen, revelándose en ellas esa especie de filosofía propia que, sin estudiar, aprende en la misma naturaleza; en respetar la superstición y sus preocupaciones, nacidas y fomentadas por su misma ignorancia; en dibujar el orden de sus impresiones y de sus afectos, que él encubre y disimula estudiosamente; sus desencantos, producidos por su misma condición social, y esa indolencia que le es habitual, hasta llegar a constituir una de las condiciones de su espíritu; en retratar, en fin, lo más fielmente que me fuera posible, con todas sus especialidades propias, ese tipo original de nuestras pampas, tan poco conocido por lo mismo que es difícil estudiarlo, tan erróneamente juzgado muchas veces, y que, al paso que avanzan las conquistas de la civilización, va perdiéndose casi por completo.

Sin duda que todo esto ha sido demasiado desear para tan pocas páginas, pero no se me puede hacer un cargo por el deseo, sino por no haberlo conseguido.

Una palabra más, destinada a disculpar sus defectos. Páselos usted por alto, porque quizá no lo sean todos los que a primera vista puedan parecerlo, pues no pocos se encuentran allí como copia o imitación de los que lo son realmente.

Por lo demás, espero, mi amigo, que usted lo juzgará con benignidad, siquiera sea porque *Martín Fierro* no va de la ciudad a referir a sus compañeros lo que ha visto y admirado en un 25 de Mayo u otra función semejante, referencias algunas de las cuales, como el *Fausto* y varias otras, son de mucho mérito ciertamente, sino que cuenta sus trabajos, sus desgracias, los azares de su vida de gaucho, y usted no desconoce que el asunto es más difícil de lo que muchos se imaginarán.

Y con lo dicho basta para preámbulo, pues ni *Martín Fierro* exige más, ni usted gusta mucho de ellos, ni son de la predilección del público, ni se avienen con el carácter de su verdadero amigo.

JOSÉ HERNÁNDEZ

I

MARTÍN FIERRO

Aquí me pongo a cantar
al compás de la vigüela;
que el hombre que lo desvela
una pena estrordinaria,
como la ave solitaria
con el cantar se consuela.

Pido a los santos del cielo
que ayuden mi pensamiento;
les pido en este momento
que voy a cantar mi historia
me refresquen la memoria
y aclaren mi entendimiento.

Vengan, santos milagrosos,
vengan todos en mi ayuda,
que la lengua se me añuda
y se me turba la vista.
Pido a mi Dios que me asista
en una ocasión tan ruda.

Yo he visto muchos cantores
con famas bien otenidas,
y que después de alquiridas
no las quieren sustentar:
parece que sin largar
se cansaron en *partidas*.

Mas ande otro criollo pasa
Martín Fierro ha de pasar;
nada lo hace recular,
ni las fantasmas lo espantan;
y dende que todos cantan,
yo también quiero cantar.

Cantando me he de morir,
cantando me han de enterrar,
y cantando he de llegar
al pie del Eterno Padre:
dende el vientre de mi madre
vine a este mundo a cantar.

Que no se trabe mi lengua
ni me falte la palabra.
El cantar mi gloria labra,
y poniéndome a cantar,
cantando me han de encontrar
aunque la tierra se abra.

Me siento en el plan de un bajo
a cantar un argumento.
Como si soplara el viento
hago tiritar los *pastos*.
Con oros, copas y bastos
juega allí mi pensamiento.

Yo no soy cantor letrao;
mas si me pongo a cantar,
no tengo cuándo acabar
y me envejezco cantando:
las coplas me van brotando
como agua del manantial.

Con la guitarra en la mano
ni las moscas se me arriman;
naides me pone el pie encima,
y cuando el pecho *se entona*,
hago gemir a la *prima*
y llorar a la *bordona*.

Yo soy toro en mi *rodeo*
y torazo en rodeo ajeno.
Siempre me tuve por güeno,
y si me quieren probar,
salgan otros a cantar
y veremos quién es menos.

No me hago al lao de la *güeya*
aunque vengan degollando;
con los blandos yo soy blando
y soy duro con los duros,
y ninguno en un apuro
me ha visto andar tutubiando.

En el peligro, ¡qué Cristos!,
el corazón se me enancha,
pues toda la tierra es cancha,
y de esto naides se asombre:
el que se tiene por hombre
ande quiera *hace pata ancha*.

Soy gaucho, y entiendanló
como mi lengua lo explica,
para mí la tierra es chica
y pudiera ser mayor.
Ni la víbora me pica
ni quema mi frente el sol.

Nací como nace el *peje*,
en el fondo de la mar;
naides me puede quitar
aquello que Dios me dio:
lo que al mundo truje yo
del mundo lo he de llevar.

Mi gloria es vivir tan libre
como el pájaro del cielo;
no hago nido en este suelo,
ande hay tanto que sufrir;
y naides me ha de seguir
cuando yo remuento el vuelo.

Yo no tengo en el amor
quien me venga con querellas;
como esas aves tan bellas
que saltan de rama en rama,
yo hago en el trébol mi cama
y me cubren las estrellas.

Y sepan cuantos escuchan
de mis penas el relato,
que nunca peleo ni mato
sino por necesidá,
y que a tanta alversidá
sólo me arrojó el mal trato.

Y atiendan la relación
que hace un gaucho perseguido,
que padre y marido ha sido
empeñoso y diligente,
y sin embargo la gente
lo tiene por un bandido.

II

Ninguno me hable de penas,
porque yo penando vivo,
y naides se muestre altivo
aunque en el estribo esté,
que suele quedarse a pie
el gaucho más alvertido.

Junta esperencia en la vida
hasta pa dar y prestar,
quien la tiene que pasar
entre sufrimiento y llanto,
porque nada enseña tanto
como el sufrir y el llorar.

Viene el hombre ciego al mundo
cuartiándolo la esperanza,
y a poco andar ya lo alcanzan
las desgracias a empujones.
¡*La pucha!*, que trae liciones
el tiempo con sus mudanzas.

Yo he conocido esta tierra
en que el *paisano* vivía
y su ranchito tenía
y sus hijos y mujer…
Era una delicia el ver
cómo pasaba sus días.

Entonces… cuando el lucero
brillaba en el cielo santo,
y los gallos con su canto
nos decían que el día llegaba,
a la cocina *rumbiaba*
el gaucho… que era un encanto.

Y sentao junto al *jogón*
a esperar que venga el día,
al *cimarrón* le prendía
hasta ponerse rechoncho,
mientras su *china* dormía
tapadita con su *poncho*.

Y apenas la madrugada
empezaba a coloriar,
los pájaros a cantar
y las gallinas a *apiarse,*
era cosa de largarse
cada cual a trabajar.

Éste se ata las espuelas,
se sale el otro cantando,
uno busca un *pellón* blando,
éste, un lazo; otro, un rebenque;
y los *pingos,* relinchando,
los llaman dende el *palenque.*

El que era pion domador
enderezaba al corral,
ande estaba el animal
bufidos que se las pela…
Y más malo que su agüela
se hacía astillas el *bagual.*

Y allí el gaucho inteligente,
en cuanto el *potro* enriendó,
los cueros le acomodó
y se le sentó en seguida,
que el hombre muestra en la vida
la astucia que Dios le dio.

Y en las *playas* corcobiando
pedazos se hacía el *sotreta*,
mientras él por las *paletas*
le jugaba las *lloronas;*
y al ruido de las *caronas*
salía haciéndose gambetas.

¡Ah tiempos!… Si era un orgullo
ver *ginetiar* un *paisano.*
Cuando era gaucho *vaquiano,*
aunque el *potro se boliase,*
no había uno que no parase
con el cabresto en la mano.

Y mientras domaban unos,
otros al campo salían
y la *hacienda* recogían,
las manadas repuntaban,
y ansí sin sentir pasaban
entretenidos el día.

Y verlos al cair la noche
en la cocina riunidos,
con el juego bien prendido
y mil cosas que contar,
platicar muy divertidos
hasta después de cenar.

Y con el buche bien lleno,
era cosa superior
irse en brazos del amor
a dormir como la gente,
pa empezar al día siguiente
las fainas del día anterior.

Ricuerdo… ¡qué maravilla!,
cómo andaba la *gauchada,*
siempre alegre y bien montada
y dispuesta pa el trabajo…
Pero hoy en el día…, ¡barajo!,
no se la ve de aporriada.

El gaucho más infeliz
tenía tropilla de un pelo;
no le faltaba un consuelo,
y andaba la gente lista…
tendiendo al campo la vista,
sólo vía *hacienda* y cielo.

Cuando llegaban las yerras,
¡cosa que daba calor!,
tanto gaucho *pialador*
y tironiador *sin yel.*
¡Ah tiempos!…, pero si en él
se ha visto tánto primor.

Aquello no era trabajo,
más bien era una junción;
y despúes de un güen tirón
en que uno se daba maña,
pa darle un trago de caña
solía llamarlo el patrón.

Pues siempre la mamajuana
vivía bajo la carreta;
y aquél que no era *chancleta*,
en cuanto el goyete vía,
sin miedo se le prendía
como güérfano a la teta.

Y ¡qué jugadas se armaban
cuando estábamos riunidos!
Siempre íbamos prevenidos,
pues en tales ocasiones
a ayudarles a los piones
caiban muchos comedidos.

Eran los días del apuro
y alboroto pa el hembraje,
pa preparar los potajes
y osequiar bien a la gente,
y ansí, pues, muy grandemente,
pasaba siempre el gauchaje.

Venía la *carne con cuero*,
la sabrosa *carbonada*,
mazamorra bien pisada
los *pasteles* y el güen vino...
Pero ha querido el destino
que todo aquello acabara.

Estaba el gaucho en su *pago*
con toda siguridá;
pero aura..., ¡barbaridá!,
la cosa anda tan fruncida,
que gasta el pobre la vida
en juir de la autoridá.

Pues si usté pisa en su rancho
y si el alcalde lo sabe,
lo caza lo mesmo que ave,
aunque su mujer aborte...
No hay tiempo que no se acabe
ni *tiento* que no se corte.

Y al punto dese por muerto
si el alcalde lo *bolea*,
pues ay nomás se le apea
con una *felpa de palos*.
Y despúes dicen que es malo
el gaucho si los pelea.

Y el lomo le hinchan a golpes,
y le rompen la cabeza,
y luego con lijereza,
ansí lastimao y todo,
lo amarran codo con codo
y pa el cepo lo enderiezan.

Ay comienzan sus desgracias,
ay principia el *pericón*,
porque ya no hay salvación,
y que usté quiera o no quiera,
lo mandan a la frontera
o lo echan a un batallón.

Ansí empezaron mis males
lo mesmo que los de tantos.
Si gustan... en otros cantos
les diré lo que he sufrido.
Despúes que uno está perdido,
no lo salvan ni los santos.

III

Tuve en mi *pago* en un tiempo
hijos, *hacienda* y mujer;
pero empecé a padecer,
me echaron a la frontera,
¡y qué iba a hallar al volver!
Tan sólo hallé la *tapera*.

Sosegao vivía en mi rancho
como el pájaro en su nido.
Allí mis hijos queridos
iban creciendo a mi lao…
Sólo queda al desgraciao
lamentar el bien perdido.

Mi gala en las *pulperías*
era, cuando había más gente,
ponerme medio caliente,
pues cuando *puntiao* me encuentro
me salen coplas de adentro
como agua de la virtiente.

Cantando estaba una vez
en una gran diversión,
y aprovechó la ocasión
como quiso el juez de paz:
se presentó y ay no más
hizo una arriada en montón.

Juyeron los más *matreros*
y lograron escapar.
Yo no quise disparar
soy manso y no había por qué:
Muy tranquilo me quedé
y ansí me dejé agarrar.

Allí un *gringo* con un órgano
y una mona que bailaba,
haciéndonos rair estaba
cuando le tocó el arreo.
¡Tan grande el *gringo* y tan feo!
¡Lo viera cómo lloraba!

Hasta un inglés *sangiador*,
que decía en la última guerra
que él era de Inca-la-perra
y que no quería servir,
tuvo también que juir
a guarecerse en la sierra.

Ni los mirones salvaron
de esa arriada de *mi flor;*
fue *acoyarao* el cantor
con el *gringo* de la mona;
a uno solo, por favor,
logró salvar la patrona.

Formaron un contingente
con los que del baile arriaron;
con otros nos mesturaron,
que habían agarrao también.
Las cosas que aquí se ven
ni los diablos las pensaron.

A mí el juez me tomó entre ojos
en la última votación.
Me le había hecho el remolón
y no me arrimé ese día,
y él dijo que yo servía
a los de la *esposición*.

Y ansí sufrí ese castigo,
tal vez por culpas ajenas.
Que sean malas o sean güenas
las listas, siempre me escondo.
Yo soy un gaucho *redondo*
y esas cosas no me enllenan.

Al mandarnos nos hicieron
más promesas que a un altar.
El juez nos jue a ploclamar
y nos dijo muchas veces:
—«Muchachos, a los seis meses
los van a ir a revelar.»

Yo llevé un *moro de número*,
¡sobresaliente el *matucho!*
Con él gané en Ayacucho
más plata que agua bendita.
Siempre el gaucho necesita
un *pingo* pa fiarle un *pucho*.

Y cargué sin dar más güeltas
con las prendas que tenía.
Gergas, poncho, cuanto había
en casa, tuito lo alcé.
A mi *china* la dejé
media desnuda ese día.

No me faltaba una *guasca;*
esa ocasión eché el resto:
bozal, *maniador,* cabresto,
lazo, *bolas* y manea...
¡El que hoy tan pobre me vea
tal vez no crerá todo esto!

Ansí, en mi moro *escarciando,*
enderesé a la frontera.
¡*Aparcero!,* si usté viera
lo que se llama cantón...
Ni envidia tengo al ratón
en aquella ratonera.

De los pobres que allí había
a ninguno lo largaron;
los más viejos resongaron,
pero a uno que se quejó
en seguida lo *estaquiaron*
y la cosa se acabó.

En la lista de la tarde
el jefe nos cantó el punto,
diciendo: —«Quinientos juntos
llevará el que se resiente;
lo haremos *pitar del juerte;*
más bien dese por dijunto.»

A naides le dieron armas,
pues toditas las que había
el coronel las tenía,
sigún dijo esa ocasión,
pa repartirlas el día
en que hubiera una invasión.

Al principio nos dejaron
de haraganes, criando sebo;
pero después… no me atrevo
a decir lo que pasaba…
¡Barajo!…, si nos trataban
como se trata a *malevos*.

Porque todo era jugarle
por los lomos con la espada,
y aunque usté no hiciera nada.
lo mesmito que en Palermo,
le daban cada *cepiada*
que lo dejaban enfermo.

Y ¡qué indios ni qué servicio!
¡Si allí no había ni cuartel!
Nos mandaba el coronel
a trabajar en sus *chacras*,
y dejábamos las vacas
que las llevara el infiel.

Yo primero sembré trigo
y después hice un corral;
corté adobe pa un tapial,
hice un *quincho*, corté paja…
¡La pucha que se trabaja
sin que le larguen ni un rial!

Y es lo pior de aquel enriedo
que si uno anda hinchando el lomo
se le apean como un plomo…
¡Quién aguanta aquel infierno!
Y si eso es servir al Gobierno,
a mí no me gusta el cómo.

Más de un año nos tuvieron
en esos trabajos duros;
y los indios, le asiguro,
dentraban cuando querían:
como no los perseguían,
siempre andaban sin apuro.

A veces decía al volver
del campo la descubierta
que estuviéramos alerta,
que andaba adentro la indiada,
porque había una *rastrillada*
o estaba una yegua muerta..

Recién entonces salía
la orden de hacer la riunión,
y cáibamos al cantón
en pelos y hasta *enancaos*,
sin armas, cuatro pelaos,
que ívamos a *hacer jabón*.

Ay empezaba el afán,
se entiende, de puro vicio,
de enseñarle el ejercicio
a tanto gaucho recluta,
con un estrutor… ¡qué… bruta!,
que nunca sabía su oficio.

Daban entonces las armas
pa defender los cantones,
que eran lanzas y *latones*
con ataduras de *tiento*.
Las de juego no las cuento
porque no había municiones.

Y *chamuscao* un sargento
me contó que las tenían,
pero que ellos las vendían
para cazar avestruces;
y ansí andaban noche y día
déle bala a los *ñanduses*.

Y cuando se iban los indios
con lo que habían *manotiao*,
salíamos muy apuraos
a perseguirlos de atrás;
si no se llevaban más
es porque no habían hallao.

Allí sí se ven desgracias
y lágrimas y afliciones.
Naides le pida perdones
al indio, pues donde dentra
roba y mata cuanto encuentra
y quema las poblaciones.

No salvan de su juror
ni los pobres anjelitos:
viejos, mozos y chiquitos,
los mata del mesmo modo;
que el indio lo arregla todo
con la lanza y con los gritos.

Tiemblan las carnes al verlo
volando al viento la cerda;
la rienda en la mano izquierda
y la lanza en la derecha,
ande enderiesa abre brecha,
pues no hay lanzaso que pierda.

Hace trotiadas tremendas
dende el fondo del desierto;
ansí, llega medio muerto
de hambre, de sé y de fatiga;
pero el indio es una hormiga
que día y noche está dispierto.

Sabe manejar las *bolas*
como naides las maneja:
cuanto el contrario se aleja
manda una bola perdida,
y si lo alcanza, sin vida
es siguro que lo deja.

Y el indio es como tortuga
de duro para espichar:
si lo llega a destripar
ni siquiera se le encoge;
luego sus tripas recoje,
y se agacha a disparar.

Hacían el robo a su gusto
y después se iban de arriba;
se llevaban las cautivas,
y nos contaban que a veces
les descarnaban los pieses
a las pobrecitas, vivas.

¡Ah, si partía el corazón
ver tantos males, canejo!
Los perseguíamos de lejos
sin poder ni galopiar;
y ¡qué habíamos de alcanzar
en unos *bichocos* viejos!

Nos volvíamos al cantón
a las dos o tres jornadas,
sembrando las caballadas;
y pa que alguno la venda,
rejuntábamos la *hacienda*
que habían dejao resagada.

Una vez, entre otras muchas,
tanto salir *al botón,*
nos pegaron un *malón*
los indios, y una lanciada,
que la gente acobardada
quedó dende esa ocasión.

Habían estao escondidos
aguaitando atrás de un cerro...
¡Lo viera a su amigo Fierro
aflojar como un blandito!
Salieron como maiz frito
en cuanto sonó un cencerro.

Al punto nos dispusimos,
aunque ellos eran bastantes;
la formamos al istante
nuestra gente, que era poca,
y golpiándose en la boca
hicieron fila adelante.

Se vinieron en tropel
haciendo temblar la tierra.
No soy manco pa la guerra,
pero tuve mi *jabón,*
pues iva en un *redomón*
que había boliao en la sierra.

¡Qué vocerío! ¡Qué barullo!
¡Qué apurar esa carrera!
La indiada todita entera
dando alaridos cargó.
¡Jue, *pucha!*... y ya nos sacó
como *yeguada matrera.*

¡Qué *fletes* traiban los bárbaros!
Como una luz de lijeros,
hicieron el *entrevero,*
y en aquella mescolanza,
éste quiero, éste no quiero,
nos escojían con la lanza.

Al que le dan un chuzaso,
dificultoso es que sane.
En fin, para no *echar panes,*
salimos por esas lomas,
lo mesmo que las palomas
al juir de los gavilanes.

¡Es de almirar la destreza
con que la lanza manejan!
De perseguir nunca dejan,
y nos traiban apretaos.
¡Si queríamos, de apuraos,
salirnos por las orejas!

Y pa mejor de la fiesta,
en esa aflición tan suma,
vino un indio echando espuma
y con la lanza en la mano,
gritando: —«Acabau, cristiano,
metau el lanza hasta el pluma».

Tendído en el costillar,
cimbrando por sobre el brazo
una lanza como un lazo,
me atropeyó dando gritos.
Si me descuido… el maldito
me levanta de un lanzazo.

Si me atribulo o me encojo,
siguro que no me escapo.
Siempre he sido medio *guapo*;
pero en aquella ocasión
me hacía buya el corazón
como la garganta al sapo.

Dios le perdone al salvaje
las ganas que me tenía…
Desaté las *tres marías*
y lo engatusé a cabriolas…
¡*Pucha*!… Si no traigo *bolas*,
me *achura* el indio ese día.

Era el hijo de un casique,
sigún yo lo averigüé;
la verdá del caso jue
que me tuvo apuradazo,
hasta que al fin de un bolazo
del caballo lo bajé.

Ay no más me tiré al suelo
y lo pisé en las *paletas*;
empezó a hacer morisquetas
y a *mesquinar* la garganta.
Pero yo hice la obra santa
de hacerlo estirar la geta.

Allí quedó de mojón
y en su caballo salté;
de la indiada disparé,
pues si me alcanza me mata,
y al fin me las escapé
con el hilo en una pata.

IV

Seguiré esta relación
aunque pa chorizo es largo.
El que pueda hágase cargo
cómo andaría de *matrero*,
después de salvar el cuero
de aquel trance tan amargo.

Del sueldo nada les cuento,
porque andaba disparando.
Nosotros de cuando en cuando
solíamos ladrar de pobres;
nunca llegaban los cobres
que se estaban aguardando.

Y andábamos de mugrientos,
que el mirarnos daba horror;
les juro que era un dolor
ver esos hombres ¡por Cristo!
En mi perra vida he visto
una miseria mayor.

Yo no tenía ni camisa
ni cosa que se parezca;
mis trapos sólo pa yesca
me podían servir al fin…
No hay plaga como un fortín
para que el hombre padezca.

Poncho, gergas, el apero,
las prenditas, los *botones,*
todo, amigo, en los cantones
jue quedando poco a poco,
ya me tenían medio loco
la pobreza y los ratones.

Sólo una manta peluda
era cuanto me quedaba;
la había agenciao *a la taba,*
y ella me tapaba el bulto.
Yaguané que allí ganaba
no salía… ni con indulto.

Y pa mejor, hasta el moro
se me jue de entre las manos.
No soy lerdo…, pero, hermano,
vino el comendante un día
diciendo que lo quería
«pa enseñarle a comer *grano*.»

Afigúrese cualquiera
la suerte de este su amigo,
a pie y mostrando el umbligo,
estropiao, pobre y desnudo.
Ni por castigo se pudo
hacerse más mal conmigo.

Ansí pasaron los meses,
y vino el año siguiente,
y las cosas igualmente
siguieron del mesmo modo:
adrede parece todo
pa aburrir a la gente.

No teníamos más permiso,
ni otro alivio la *gauchada,*
que salir de madrugada
cuando no había indio ninguno,
campo ajuera, a hacer boliadas,
desocando los *reyunos.*

Y cáibamos al cantón
con los *fletes* aplastaos;
pero a veces, medio aviaos
con pluma y algunos cueros,
que ay no más con el *pulpero*
los teníamos negociaos.

Era un amigo del gefe
que con un *boliche* estaba;
yerba y tabaco nos daba
por la pluma de avestruz,
y hasta *le hacía ver la luz*
al que un cuero le llevaba.

Sólo tenía cuatro frascos
y unas barricas vacías,
y a la gente le vendía
todo cuanto precisaba.
A veces creiba que estaba
allí la provedúria.

¡Ah *pulpero* habilidoso!
Nada le solía faltar,
¡ay, juna!, y para tragar
tenía un buche de ñandú.
La gente le dió en llamar
«el *boliche* de virtú.»

Aunque es justo que quien vende
algún poquitito muerda,
tiraba tanto la cuerda
que con sus cuatro *limetas*
él cargaba las carretas
de plumas, cueros y cerda.

Nos tenía apuntaos a todos
con más cuentas que un rosario,
cuando se anunció un salario
que iban a dar, o un *socorro;*
pero sabe Dios qué zorro
se lo comió al *comisario.*

Pues nunca lo vi llegar,
y al cabo de muchos días
en la mesma *pulpería*
dieron una *buena cuenta,*
que la gente, muy contenta,
de tan pobre recebía.

Sacaron unos sus prendas,
que las tenían empeñadas,
por sus diudas atrasadas
dieron otros el dinero;
al fin de fiesta el *pulpero*
se quedó con la *mascada.*

Yo me arrecosté a un orcón
dando tiempo a que pagaran,
y poniendo güena cara
estuve *haciéndome el poyo,*
a esperar que me llamaran
para recebir mi *boyo.*

Pero ay me pude quedar
pegao pa siempre al orcón;
ya era casi la oración
y ninguno me llamaba.
La cosa se me ñublaba
y me dentró comezón.

Pa sacarme el *entripao,*
vi al mayor, y lo fi a hablar.
Yo me le empecé a *atracar,*
y como con poca gana,
le dije: —«Tal vez mañana
acabarán de pagar».

—«¡Qué mañana ni otro día!
—al punto me contestó—.
La paga ya se acabó,
siempre has de ser animal».
Me rai y le dije: —«Yo...
no he recebido ni un rial».

Se le pusieron los ojos
que se le querían salir,
y ay no más volvió a decir
comiéndome con la vista:
—«¿Y qué querés recebir
si no has dentrao en la lista?»

«Esto sí que es amolar
—dije yo pa mis adentros—.
Van dos años que me encuentro
y hasta aura he visto ni un *grullo;*
dentro en todos los barullos,
pero en las listas no dentro.»

Vide el *plaito* mal parao
y no quise aguardar más...
Es güeno vivir en paz
con quien nos ha de mandar.
Y reculando pa atrás
me le empecé a retirar.

Supo todo el comendante
y me llamó al otro día,
diciéndome que quería
aviriguar bien las cosas;
que no era el tiempo de Rosas,*
que aura a naides se debía.

Llamó al cabo y al sargento
y empezó la indagación:
si había venido al cantón
en tal tiempo o en tal otro...
y si había venido en *potro,*
en *reyuno* o *redomón.*

Y todo era alborotar
al ñudo y *hacer papel.*
Conocí que era *pastel*
pa engordar con mi *guayaca;*
mas si voy al coronel
me hacen bramar en la *estaca.*

¡Ah hijos de una!... La codicia
ojalá les ruempa al saco.
Ni un pedazo de tabaco
le dan al pobre soldao,
y lo tienen de delgao
más lijero que un *guanaco.*

Pero qué iba a hacerles yo,
charabón en el desierto;
más bien me daba por muerto
pa no verme más fundido;
y me les hacía el dormido
aunque soy medio dispierto.

V

Ya andaba desesperao,
aguardando una ocasión;
que los indios un *malón*
nos dieran, y, entre el estrago,
hacérmeles *cimarrón*
y volverme pa mi *pago.*

Aquello no era servicio
ni defender la frontera:
aquello era ratonera
en que sólo gana el juerte;
era jugar a la suerte
con una *taba* culera.

Allí tuito va al revés:
los *milicos* son los piones,
y andan en las poblaciones
emprestaos pa trabajar:
los rejuntan pa peliar
cuando entran indios ladrones.

Yo he visto en esa *milonga*
muchos gefes con *estancia*,
y piones en abundancia,
y majadas y *rodeos;*
he visto *negocios* feos,
a pesar de mi inorancia.

Y colijo que no quieren
la barunda componer.
Para eso no ha de tener
el gefe que esté de estable
más que su *poncho* y su sable,
su caballo y su deber.

Ansina, pues, conociendo
que aquel mal no tiene cura,
que tal vez mi sepultura
si me quedo iba a encontrar,
pensé en *mandarme mudar*
como cosa más sigura.

Y pa mejor, una noche,
¡qué *estaquiada* me pegaron!
Casi me descoyuntaron
por motivo de una gresca.
¡Ay, *juna*, si me estiraron
lo mesmo que *guasca* fresca!

Jamás me puedo olvidar
lo que esta vez me pasó:
dentrando una noche yo
al fortín, un *enganchao*
que estaba medio *mamao*
allí me desconoció.

Era un *gringo* tan *bozal*,
que nada se le entendía.
¡Quién sabe de ande sería!
Tal vez no juera cristiano,
pues lo único que decía
es que era *pa-po-litano.*

Estaba de centinela,
y por causa del *peludo*
verme más claro no pudo,
y ésa jue la culpa toda:
el bruto se asustó *al ñudo*
y fi el *pavo de la boda.*

Cuando me vido acercar,
—«¿*Quén vívore?*» — preguntó.
—«¿*Qué víboras?*» — dije yo.
—«¡*Ha garto!*» — me pegó el grito.
Y yo dije despacito:
—«Más lagarto serás vos.»

Ay no más, ¡Cristo me valga!
Rastrillar el jusil siento;
me agaché, y en el momento
el bruto me largó un *chumbo;*
mamao, me tiró sin rumbo,
que, si no, no cuento el cuento.

Por de contao, con el tiro
se alborotó el avispero;
los oficiales salieron
y se empezó la junción:
quedó en su puesto el *nación*,
y yo fi al *estaquiadero*.

Entre cuatro bayonetas
me tendieron en el suelo;
vino el mayor medio en *pedo*,
y allí se puso a gritar:
—«¡Pícaro, te he de enseñar
a andar reclamando sueldos!»

De las manos y las patas
me ataron cuatro *sinchones;*
les aguanté los tirones
sin que ni un ¡ay! se me oyera,
y al *gringo* la noche entera
lo harté con mis maldiciones.

Yo no sé por qué el Gobierno
nos manda aquí a la frontera
gringada que ni siquiera
se sabe *atracar* a un *pingo.*
¡Si crerá al mandar un *gringo*
que nos manda alguna fiera!

No hacen más que dar trabajo,
pues no saben ni ensillar;
no sirven ni pa *carniar;*
y yo he visto muchas veces
que ni *voltiadas* las reses
se les querían arrimar.

Y lo pasan sus mercedes
lengüetiando pico a pico,
hasta que viene un *milico*
a servirles el asao…
y, eso sí, en lo delicaos,
parecen hijos de rico.

Si hay calor, ya no son gente;
si yela, todos tiritan;
si usté no les da, no *pitan*
por no gastar en tabaco,
y cuando pescan un *naco*
unos a otros se lo quitan.

Cuando llueve se acoquinan
como perro que oye truenos.
¡Qué diablos!, sólo son güenos
pa vivir entre maricas;
y nunca se andan con chicas
para alzar *ponchos* ajenos.

Pa *vichar* son como ciegos:
no hay ejemplo de que entiendan,
ni hay uno solo que aprienda,
al ver un bulto que cruza,
a saber si es avestruza,
o si es ginete o *hacienda*.

Si salen a perseguir,
despúes de mucho aparato,
tuitos *se pelan* al rato
y va quedando el *tendal*.
Esto es como en un nidal
echarle güebos a un gato.

VI

Vamos dentrando recién
a la parte más sentida,
aunque es todita mi vida
de males una cadena.
A cada alma dolorida
le gusta cantar sus penas.

Se empezó en aquel entonces
a rejuntar caballada
y riunir la milicada
teniéndola en el cantón,
para una despedición
a sorprender a la indiada.

Nos anunciaban que iríamos
sin carretas ni bagajes,
a golpiar a los salvages
en sus mesmas *tolderías;*
que a la güelta pagarían,
licenciándolo, al gauchaje.

Que en esta despedición
tuviéramos la esperanza
que iba a venir sin tardanza,
sigún el gefe contó,
un menistro, o qué sé yo,
que le llamaban Don Ganza.*

Que iba a riunir el ejército
y tuitos los batallones,
y que traiba unos cañones
con más rayas que un *cotín.*
¡*Pucha!,* las conversaciones
por allá no tenían fin.

Pero esas trampas no enriedan
a los zorros de mi laya;
que el ministro venga o vaya,
poco le importa a un *matrero:*
yo también dejé las rayas…
en los libros del *pulpero.*

Nunca jui gaucho dormido,
siempre pronto, siempre listo;
yo soy un hombre, ¡qué Cristo!,
que nada me ha acobardao,
y siempre salí parao
en los trances que me he visto.

Dende chiquito gané
la vida con mi trabajo,
y aunque siempre estuve abajo
y no sé lo que es subir,
también el mucho sufrir
suele cansarnos, ¡*barajo!*

En medio de mi inorancia
conozco que nada valgo.
Soy la liebre o soy el galgo,
asigún los tiempos andan;
pero también los que mandan
debieran cuidarnos algo.

Una noche que riunidos
estaban en la *carpeta*
empinando una *limeta*
el jefe y el juez de paz,
yo no quise aguardar más,
y me hice humo en un *sotreta*.

Para mí el campo son flores
dende que libre me veo;
donde me lleva el deseo,
allí mis pasos dirijo;
y hasta en las sombras, de fijo,
que adonde quiera rumbeo.

Entro y salgo del peligro
sin que me espante el estrago;
no aflojo al primer amago,
ni jamás fi gaucho lerdo;
soy pa *rumbiar* como el cerdo,
y pronto cai a mi *pago*.

Volvía al cabo de tres años
de tanto sufrir *al ñudo*.
Resertor, pobre y desnudo,
a procurar suerte nueva;
y lo mesmo que el *peludo*
enderesé pa mi cueva.

No hallé ni rastro del rancho,
¡sólo estaba la *tapera!*
¡Por Cristo, si aquello era
pa enlutar el corazón!
¡Yo juré en esa ocasión
ser más malo que una fiera!

¡Quién no sentirá lo mesmo
cuando ansí padece tanto!
Puedo asigurar que el llanto
como una mujer largué.
¡Ay, mi Dios, si me quedé
más triste que Jueves Santo!

Sólo se oiban los aullidos
de un gato que se salvó;
el pobre se guareció
cerca, en una *vizcachera;*
venía como si supiera
que estaba de güelta yo.

Al dirme dejé la *hacienda*
que era todito mi haber;
pronto debíamos volver
sigún el juez prometía,
y hasta entonces cuidaría
de los bienes la mujer.

* * *

Después me contó un vecino
que el campo se lo pidieron,
la *hacienda* se la vendieron
pa pagar arrendamientos,
y qué se yo cuántos cuentos;
pero todo lo fundieron.

Los pobrecitos muchachos,
entre tantas afliciones
se conchabaron de piones;
mas, ¡qué ivan a trabajar,
si eran como los pichones
sin acabar de emplumar!

Por ay andarán sufriendo
de nuestra suerte el rigor:
me han contado que el mayor
nunca dejaba a su hemano.
Puede ser que algún cristiano
los recoja por favor.

¡Y la pobre mi mujer
Dios sabe cuánto sufrió!
Me dicen que se voló
con no sé qué gavilán:
sin duda a buscar el pan
que no podía darle yo.

No es raro que a uno le falte
lo que a algún otro le sobre.
Si no le quedó ni un cobre
sino de hijos un enjambre,
¿qué más iba a hacer la pobre
para no morirse de hambre?

¡Tal vez no te vuelva a ver,
prenda de mi corazón!
Dios te dé su proteción,
ya que no me la dio a mí.
Y a mis hijos dende aquí
les echo mi bendición.

Como *hijitos de la cuna*
andarán por ay sin madre;
ya se quedaron sin padre,
y ansí la suerte los deja
sin naides que los proteja
y sin perro que los ladre.

Los pobrecitos tal vez
no tengan ande abrigarse,
ni *ramada* ande ganarse,
ni rincón ande meterse,
ni camisa que ponerse,
ni *poncho* con que taparse.

Tal vez los verán sufrir
sin tenerles compasión;
puede que alguna ocasión,
aunque los vean tiritando,
los echen de algún *jogón*
pa que no estén estorbando.

Y al verse ansina espantaos
como se espanta a los perros,
irán los hijos de Fierro,
con la cola entre las piernas,
a buscar almas más tiernas
o esconderse en algún cerro.

Mas también en este juego
voy a pedir mi *bolada*:
a naides le debo nada;
ni pido cuartel ni doy,
y ninguno dende hoy
ha de llevarme en la *armada*.

Yo he sido manso primero
y seré gaucho *matrero*
en mi triste circustancia:
aunque es mi mal tan projundo,
nací y me he criao en *estancia*,
pero ya conozco el mundo.

Ya le conozco sus mañas,
le conozco sus cucañas;
sé cómo hacen la partida,
la enriedan y la manejan.
Desaceré la madeja,
aunque me cueste la vida.

Y aguante el que no se anime
a meterse en tanto engorro,
o si no aprétese el gorro
o para otra tierra emigre;
pero yo ando como el tigre
que le roban los cachorros.

Aunque muchos cren que el gau-
cho
tiene una alma de *reyuno*,
no se encontrará ninguno
que no lo dueblen las penas;
mas no debe aflojar uno
mientras hay sangre en las venas.

VII

De carta de más me vía,
sin saber a dónde dirme;
mas dijeron que era vago
y entraron a perseguirme.

Nunca se achican los males,
van poco a poco creciendo,
y ansina me vide pronto
obligado a andar juyendo.

No tenía muger ni rancho,
y a más era resertor;
no tenía una prenda güena
ni un peso en el *tirador*.

A mis hijos infelices
pensé volverlos a hallar;
y andaba de un lao al otro
sin tener ni qué *pitar*.

Supe una vez, por desgracia,
que había un baile por allí,
y medio desesperao
a ver la *milonga* fui.

Riunidos al *pericón*
tantos amigos hallé,
que alegre de verme entre ellos,
esa noche *me apedé*.

Como nunca en la ocasión
por peliar me dio la *tranca*,
y la emprendí con un negro
que trujo una negra en ancas.

Al ver llegar la morena,
que no hacía caso de naides,
le dije con la mamúa:
—«Va… ca… yendo gente al baile.»

La negra entendió la cosa
y no tardó en contestarme,
mirandomé como a perro:
—«Más vaca será su madre.»

Y dentró al baile muy tiesa,
con más cola que una zorra,
haciendo blanquiar los dientes
lo mesmo que *mazamorra*:

—«Negra linda –dije yo–.
Me gusta… pa la *carona*».
Y me puse a *talariar*
esta coplita fregona:

«A los blancos hizo Dios;
a los mulatos, San Pedro;
a los negros hizo el diablo;
para tizón del infierno.»

Había estao juntando rabia
el moreno dende ajuera;
en lo escuro le brillaban
los ojos como linterna.

Lo conocí *retobao*,
me acerqué y le dije presto:
—«Po…r…rudo que un hombre sea,
nunca se enoja por esto.»

Corcovió el de los *tamangos*,
y creyéndose muy fijo:
—«¡Más *porrudo* serás vos,
gaucho rotoso!»— me dijo.

Y ya se me *vino al humo*,
como a *buscarme la hebra*,
y un golpe le acomodé
con el porrón de giñebra.

Ay no más pegó el *de ollín*
más gruñidos que un *chanchito*,
y pelando un *envenao*
me atropelló dando gritos.

Pegué un brinco y abrí cancha
diciéndoles: —«Caballeros,
dejen venir ese toro.
Solo nací… solo muero.»

El negro, después del golpe,
se había el *poncho refalao*,
y dijo: —«Vas a saber
si es solo o acompañao.»

Y mientras se arremangó,
yo me saqué las espuelas,
pues malicié que aquel tío
no era de *arriar con las riendas*.

No hay cosa como el peligro
pa refrescar un *mamao:*
hasta la vista se aclara
por mucho que haiga chupao.

El negro me atropelló
como a quererme comer;
me hizo dos tiros seguidos
y los dos le *abarajé.*

Yo tenía un facón con S,
que era de lima de acero;
le hice un tiro, lo quitó
y vino ciego el moreno.

Y en el medio de las *aspas*
un *planazo* le asenté,
que le largué culebriando
lo mesmo que buscapié.

Le coloriaron las *motas*
con la sangre de la herida,
y volvió a venir jurioso
como una tigra parida.

Y ya me hizo relumbrar
por los ojos el cuchillo,
alcanzando con la punta
a cortarme en un carrillo.

Me hirbió la sangre en las venas,
y me le afirmé al moreno,
dándole de punta y hacha
pa dejar un diablo menos.

Por fin en una topada,
en el cuchillo lo alcé,
y como un saco de güesos
contra un cerco lo largué.

Tiró unas cuantas patadas,
y ya cantó pa el *carnero.*
Nunca me puedo olvidar
de la agonía de aquel negro.

En esto la negra vino,
con los ojos como *agí,*
y empesó, la pobre, allí
a bramar como una loba.
Yo quise darle una soba
a ver si la hacía callar;
mas pude reflexionar
que era malo en aquel punto,
y por respeto al dijunto
no la quise castigar.

Limpié el facón en los *pastos,*
desaté mi *redomón,*
monté despacio y salí
al tranco pa el *cañadón.*

Despúes supe que al finao
ni siquiera lo velaron,
y *retobao* en un cuero
sin rezarle lo enterraron.

Y dicen que dende entonces,
cuando es la noche serena,
suele verse una *luz mala*
como de alma que anda en pena.

Yo tengo intención a veces,
para que no pene tanto,
de sacar de allí los güesos
y echarlos al campo santo.

VIII

Otra vez que en un *boliche*
estaba haciendo la tarde,
cayó un gaucho que hacía alarde
de *guapo* y de peliador.

A la llegada metió
el *pingo* hasta la *ramada;*
y yo, sin decirle nada,
me quedé en el mostrador.

Era un *terne* de aquel *pago,*
que naides lo reprendía:
que sus enriedos tenía
con el señor comendante.

Y como era protejido,
andaba muy entonao,
y a cualquiera desgraciao
lo llevaba por delante.

¡Ah, pobre, si él mesmo creiba
que la vida le sobraba!
Ninguno diría que andaba
aguaitándolo la muerte.

Pero ansí pasa en el mundo,
es ansí la triste vida:
pa todos está escondida
la güena o la mala suerte.

Se tiró al suelo; al dentrar,
le dio un empeyón a un vasco,
y me alargó un medio frasco
diciendo: —«Beba, cuñao.»
—«Por su hermana —contesté—,
que por la mía no hay cuidao.»

—«¡Ah, gaucho! —me respondió—,
¿De qué *pago* será criollo?
Lo andará buscando el oyo,
deberá tener güen cuero;
pero ande bala este toro
no bala ningún ternero.»

Y ya salimos trensaos,
porque el hombre no era lerdo;
mas como el tino no pierdo
y soy medio lijerón,
lo dejé mostrando el sebo
de un revés con el facón.

Y como con la justicia
no andaba bien por allí,
cuanto patialiar lo vi
y el *pulpero* pegó el grito,
ya pa el *palenque* salí
como haciéndome chiquito.

Monté y me encomendé a Dios,
rumbiando para otro *pago;*
que el gaucho que llaman vago
no puede tener querencia,
y ansí de estrago en estrago,
vive llorando la ausiencia.

Él anda siempre juyendo,
siempre pobre y perseguido;
no tiene cueva ni nido,
como si juera maldito;
porque el ser gaucho…, ¡*barajo!,*
el ser gaucho es un delito.

Es como el *patrio de posta:*
lo larga éste, aquél lo toma,
nunca se acaba la broma;
dende chico se parece
al arbolito que crece
desamparao en la loma.

Le echan la agua del bautismo
a aquel que nació en la selva:
«Buscá madre que te envuelva»,
le dice el *flaire,* y lo larga,
y dentra a crusar el mundo
como burro con la carga.

Y se cría viviendo al viento,
como oveja sin trasquila,
mientras su padre en las filas
anda sirviendo al Gobierno.
Aunque tirite en invierno,
naides lo ampara ni asila.

Le llaman «gaucho *mamao*»
si lo pillan divertido;
y que es mal entretenido
si en un baile lo sorprienden;
hace mal si se defiende
y si no, se ve… fundido.

No tiene hijos, ni mujer,
ni amigos, ni protetores,
pues todos son sus señores
sin que ninguno lo ampare.
Tiene la suerte del güey:
¿y dónde irá el güey que no are?

Su casa es el *pajonal,*
su guarida es el desierto;
y si de hambre medio muerto,
le echa el lazo a algún mamón,
lo persiguen como a plaito,
porque es un "gaucho ladrón".

Y si de un golpe por ay
lo dan güelta panza arriba,
no hay un alma compasiva
que le rese una oración;
tal vez como *cimarrón*
en una cueva lo tiran.

Él nada gana en la paz
y es el primero en la guerra;
no le perdonan si yerra,
que no saben perdonar,
porque el gaucho en esta tierra
sólo sirve pa votar.

Para él son los calabozos,
para él las duras prisiones;
en su boca no hay razones,
aunque la razón le sobre,
que son campanas de palo
las razones de los pobres.

Si uno aguanta, es gaucho bruto;
si no aguanta, es gaucho malo.
¡Déle azote, déle palo!,
porque es lo que él necesita.
De todo el que nació gaucho
ésta es la suerte maldita.

Vamos, suerte, vamos juntos,
dende que juntos nacimos;
y ya que juntos vivimos
sin podernos dividir,
yo abriré con mi cuchillo
el camino pa seguir.

IX

Matreriando lo pasaba
y a las casas no venía.
Solía arrimarme de día,
mas, lo mesmo que el carancho,
siempre estaba sobre el rancho
espiando a la polecía.

Vive el gaucho que anda mal,
como zorro perseguido,
hasta que al menor descuido
se lo atarasquen los perros,
pues nunca le falta un yerro
al hombre más alvertido.

Y en esa hora de la tarde
en que tuito se adormese,
que el mundo dentrar parece
a vivir en pura calma,
con las tristezas de su alma
al pajonal enderiese.

Bala el tierno corderito
al lao de la blanca oveja,
y a la vaca que se aleja
llama el ternero amarrao;
pero el gaucho desgraciao
no tiene a quién dar su queja.

Ansí es que al venir la noche
iba a buscar mi guarida;
pues ande el tigre se anida
también el hombre lo pasa;
y no quería que en las casas
me rodiara la partida.

Pues aun cuando vengan ellos
cumpliendo con sus deberes,
yo tengo otros pareceres,
y en esa conduta vivo;
que no debe un gaucho altivo
peliar entre las mujeres.

Y al campo me iba solito,
más *matrero* que el venao,
como perro abandonao
a buscar una *tapera,*
o en alguna biscachera
pasar la noche tirao.

Sin punto ni rumbo fijo
en aquella inmensidá,
entre tanta escuridá,
anda el gaucho como duende;
allí jamás lo sorpriende
dormido la autoridá.

Su esperanza es el coraje,
su guardia es la precaución,
su *pingo* es la salvación,
y pasa uno en su desvelo,
sin más amparo que el cielo
ni otro amigo que el facón.

* * *

Ansí me hallaba una noche
contemplando las estrellas,
que le parecen más bellas
cuanto uno es más desgraciao,
y que Dios las haiga criao
para consolarse en ellas.

Les tiene el hombre cariño,
y siempre con alegría
ve salir las *Tres Marías;*
que si llueve, cuanto escampa,
las estrellas son la guía
que el gaucho tiene en la *pampa.*

Aquí no valen dotores,
sólo vale la esperencia;
aquí verían su inocencia
ésos que todo lo saben;
porque esto tiene otra llave
y el gaucho tiene su cencia.

Es triste en medio del campo
pasarse noches enteras
contemplando en sus carreras
las estrellas que Dios cría,
sin tener más compañía
que su soledá y las fieras.

Me encontraba, como digo,
en aquella soledá,
entre tanta escuridá,
echando al viento mis quejas,
cuando el grito del *chajá*
me hizo parar las orejas.

Como lumbriz me pegué
al suelo para escuchar;
pronto sentí retumbar
las pisadas de los *fletes,*
y que eran muchos ginetes
conocí sin vasilar.

— 34 —

Cuando el hombre está en peligro
no debe tener confianza;
ansí, tendido de panza,
puse toda mi atención,
y ya escuché sin tardanza
como el ruido de un *latón.*

Se venían tan calladitos,
que yo me puse en cuidao;
tal vez me hubieran bombiao
y me venían a buscar;
mas no quise disparar,
que eso es de gaucho *morao.*

Al punto me santigüé
y eché de giñebra un *taco;*
lo mesmito que el *mataco,*
me arroyé con el porrón.
«Si han de darme pa tabaco,
dije, ésta es güena ocasión.»

Me *refalé* las espuelas
para no peliar con grillos;
me arremangué el *calzoncillo,*
y me ajusté bien la faja;
y en una mata de paja
prové el filo del cuchillo.

Para tenerlo a la mano,
el *flete* en el *pasto* até,
la cincha le acomodé,
y, en un trance como aquél,
haciendo espaldas en él,
quietito los aguardé.

Cuando cerca los sentí,
y que ay nomás se pararon,
los pelos se me erizaron,
y aunque nada vían mis ojos:
—«No se han de morir de antojo»
—les dije cuanto llegaron.

Yo quise hacerles saber
que allí se hallaba un varón;
les conocí la intención,
y solamente por eso
es que les *gané el tirón,*
sin aguardar voz de preso.

—«Vos sos un gaucho *matrero*
—dijo uno, haciendosé el güeno—.
Vos matastes un moreno,
y otro en una *pulpería,*
y aquí está la polecía
que viene a ajustar tus cuentas;
te va a *alzar por las cuarenta*
si te resistís hoy día.»

—«No me vengan —contesté—,
con relación de dijuntos:
ésos son otros asuntos;
vean si me pueden llevar,
que yo no me he de entregar
aunque vengan todos juntos.»

Pero no aguardaron más,
y se *apiaron* en montón.
Como a perro *cimarrón*
me rodiaron entre tantos;

yo me encomendé a los santos
y eché maño a mi facón.

Y ya vide el jogonazo
de un tiro de garabina;
mas quiso la suerte indina
de aquel *maula*, que me errase,
y ay no más lo levantase
lo mesmo que una sardina.

A otro que estaba apurao
acomodando una bola,
le hice una dentrada sola
y le hice sentir el fierro,
y ya salió como perro
cuando le pisan la cola.

Era tanta la aflición
y la *angurria* que tenían,
que tuitos se me venían
donde yo los esperaba;
uno al otro se estorbaba
y con las ganas no vían.

Dos de ellos, que traiban sables,
más *garifos* y resueltos,
en las *hilachas* envueltos
en frente se me pararon,
y a un tiempo me atropellaron
lo mesmo que perros sueltos.

Me fui reculando en falso
y el *poncho* adelante eché,
y en cuanto le puso el pie

uno medio *chapetón*,
de pronto le di un tirón
y de espaldas lo largué.

Al verse sin compañero,
el otro se sofrenó;
entonces le dentré yo
sin dejarlo resollar,
pero ya empezó a aflojar
y a la pu...nta disparó.

Uno que en una *tacuara*
había atao una tigera,
se vino como si juera
palenque de atar terneros;
pero en dos tiros certeros
salió aullando campo ajuera.

Por suerte en aquel momento
venía coloriando la alba,
y yo dije: «Si me salva
la Virgen en este apuro,
en adelante le juro
ser más güeno que una malba.»

Pegué un brinco y entre todos
sin miedo me entreveré;
hecho ovillo me quedé,
y ya me cargó una yunta,
y por el suelo la punta
de mi facón les jugué.

El más engolosinao
se me apió con un hachazo;
se lo quité con el brazo,

de no, me mata los piojos;
y antes de que diera un paso,
le eché tierra en los dos ojos.

Y mientras se sacudía
refregándose la vista,
yo me le fui como lista,
y ay no más me le afirmé
diciéndole: —«Dios te asista.»
Y de un revés lo voltié.

Pero en ese punto mesmo,
sentí que por las costillas
un sable me hacía cosquillas,
y la sangre se me heló:
desde ese momento yo
me salí de mis casillas.

Di para atrás unos pasos
hasta que pude hacer pie;
por delante me lo eché
de punta y tajos a un criollo;
metió la pata en un oyo,
y yo al oyo lo mandé.

Tal vez en el corazón
lo tocó un santo bendito
a un gaucho que pegó el grito.
Y dijo: —«¡Cruz no consiente que
se cometa el delito
de matar ansí un valiente!»

Y ay no más se me aparió,
dentrándole a la partida:
yo les hice otra envestida,

pues entre dos era robo;
y el Cruz era como lobo
que defiende su guarida.

Uno despachó al infierno
de dos que lo atropellaron;
los demás remoliniaron,
pues íbamos a la fija,
y a poco andar dispararon
lo mesmo que sabandija.

Ay quedaban largo a largo
los que estiraron la jeta;
otro iba como *maleta*,
y Cruz de atrás les decía:
—«Que venga otra polecía
a llevarlos en carreta.»

Yo junté las osamentas,
me hinqué y les recé un bendito;
hice una cruz de un palito,
y pedí a mi Dios clemente
me perdonara el delito
de haber muerto tanta gente.

Dejamos amontonaos
a los pobres que murieron;
no sé si los recogieron,
porque nos fuimos a un rancho,
o si tal vez los *caranchos*
ay no más se los comieron.

Lo agarramos mano a mano
entre los dos al porrón;
en semejante ocasión

un trago a cualquiera encanta
y Cruz no era remolón
ni *pijotiaba* garganta.

Calentamos los gargueros
y nos largamos muy tiesos,
siguiendo siempre los besos
al *pichel,* y, por más señas,
íbamos como sigüeñas,
estirando los pescuezos.

—«Yo me voy —le dije—, amigo,
donde la suerte me lleve;
y si es que alguno se atreve
a ponerse en mi camino,
yo seguiré mi destino,
que el hombre hace lo que debe.

Soy un gaucho desgraciao,
no tengo donde ampararme,
ni un palo donde rascarme,
ni un árbol que me cubije;
pero ni aun esto me aflige
porque yo sé manejarme.

Antes de cair al servicio,
tenía familia y *hacienda;*
cuando volví, ni la prenda
me la habían dejao ya.
Dios sabe en lo que vendrá
a parar esta contienda.»

X

CRUZ

Amigazo, pa sufrir
han nacido los varones.
Éstas son las ocasiones
de mostrarse un hombre juerte,
hasta que venga la muerte
y lo agarre a coscorrones.

El andar tan *despilchao*
ningún mérito me quita.
Sin ser un alma bendita,
me duelo del mal ageno:
soy un *pastel* con relleno
que parece *torta frita.*

Tampoco me faltan males
y desgracias, le prevengo;
también mis desdichas tengo,
aunque esto poco me aflige:
yo sé hacerme el *chancho rengo*
cuando la cosa lo esige.

Y con algunos ardiles
voy viviendo, aunque rotoso;
a veces me hago el sarnoso,

y no tengo ni un granito;
pero al *chifle* voy ganoso
como panzón al maiz frito.

A mí no me matan penas
mientras tenga el cuero sano.
Venga el sol en el verano
y la escarcha en el invierno.
Si este mundo es un infierno,
¿por qué afligirse el cristiano?

Hagámosle cara fiera
a los males, compañero,
porque el zorro más *matrero*
suele cair como un chorlito;
viene por un corderito
y en la *estaca* deja el cuero.

Hoy tenemos que sufrir
males que no tienen nombre;
pero esto a naides lo asombre,
porque ansina es el *pastel;*
y tiene que dar el hombre
más vueltas que un carretel.

Yo nunca me he de entregar
a los brazos de la muerte:
arrastro mi triste suerte
paso a paso y como pueda;
que donde el débil se queda
se suele escapar el juerte.

Y ricuerde cada cual
lo que cada cual sufrió;
que lo que es, amigo, yo

hago ansí la cuenta mía:
ya lo pasado pasó;
mañana será otro día.

Yo también tuve una *pilcha*
que me enllenó el corazón;
y si en aquella ocasión
alguien me hubiera buscao,
siguro que me había hallao
más prendido que un botón.

En la güeya del querer
no hay animal que se pierda…
Las mujeres no son lerdas,
y todo gaucho es dotor
si pa cantarle al amor
tiene que templar las cuerdas.

¡Quién es de un alma tan dura
que no quiera a una mujer!
Lo alivia en su padecer:
si no sale calavera,
es la mejor compañera
que el hombre puede tener.

Si es güena, no lo abandona
cuando lo ve desgraciao;
lo asiste con su cuidao
y con afán cariñoso,
y usté tal vez ni un rebozo
ni una *pollera* le ha dao.

Grandemente lo pasaba
con aquella prenda mía,
viviendo con alegría

como la mosca en la miel.
¡Amigo, qué tiempo aquél!
¡*La pucha,* que la quería!

Era la águila que a un árbol
dende las nubes bajó;
era más linda que el alba
cuando va rayando el sol;
era la flor deliciosa
que entre el trevolar creció.

Pero, amigo, el comendante
que mandaba la milicia,
como que no desperdicia,
se fue *refalando* a casa.
Yo le conocí en la traza
que el hombre traiba malicia.

Él me daba voz de amigo,
pero no le tenía fe;
era el gefe, y, ya se ve,
no podía competir yo.
En mi rancho se pegó
lo mesmo que *saguaipé.*

A poco andar, conocí
que ya me había desvancao;
y él siempre muy *entonao,*
aunque sin darme ni un cobre,
me tenía de lao a lao
como encomienda de pobre.

A cada rato, de *chasque*
me hacía dir a gran distancia;
ya me mandaba a una *estancia,*

ya al pueblo, ya a la frontera;
pero él en la comendancia
no ponía los pies siquiera.

Es triste a no poder más
el hombre en su padecer,
si no tiene una mujer
que lo ampare y lo consuele;
mas pa que otro se la *pele*
lo mejor es no tener.

No me gusta que otro gallo
le cacaree a mi gallina.
Yo andaba ya con la espina,
hasta que en una ocasión
lo pillé junto al *jogón*
abrazándome a la *china.*

Tenía el viejito una cara
de ternero mal lamido.
Y al verlo tan atrevido,
le dije: —«Que le aproveche;
que había sido pa el amor
como *guacho* pa la leche.»

Peló la espada y se vino
como a quererme *ensartar,*
pero yo sin tutubiar
le volví al punto a decir:
—«Cuidao no te vas a pér…tigo,
poné cuarta pa salir.»

Un puntaso me largó,
pero el cuerpo le saqué,
y en cuanto se lo quité,

para no matar a un viejo,
con cuidao, medio de lejo,
un planaso le asenté.

Y como nunca al que manda
le falta algún adulón,
uno que en esa ocasión
se encontraba allí presente,
vino apretando los dientes
como perrito mamón.

Me hizo un tiro de revuélver
que el hombre creyó siguro;
era confiao, y le juro
que cerquita se arrimaba;
pero siempre en un apuro
se desentumen mis tabas.

Él me siguió *menudiando*,
mas sin poderme acertar;
y yo, déle culebriar,
hasta que al fin le dentré
y ay no más lo despaché
sin dejarlo resollar.

Dentré a *campiar* en seguida
al viejito enamorao.
El pobre se había ganao
en un *noque* de lejía.
¡Quién sabe cómo estaría
del susto que había llevao!

¡Es sonzo el cristiano macho
cuando el amor lo domina!
Él la miraba a la indina,

y una cosa tan jedionda
sentí yo, que ni en la fonda
he visto tal jedentina.

Y le dije: —«Pa su agüela
han de ser esas perdices.»
Yo me tapé las narices
y me salí estornudando,
y el viejo quedó olfatiando
como chico con lumbrices.

Cuando la mula recula,
señal que quiere cosiar:
ansí se suele portar,
aunque ella lo disimula:
recula como la mula
la mujer para olvidar.

Alcé mi *poncho* y mis prendas
y me largué a padecer
por culpa de una muger
que quiso engañar a dos;
al rancho le dije *adiós*
para nunca más volver.

Las mujeres, dende entonces,
conocí a todas en una;
ya no he de probar fortuna
con carta tan conocida:
muger y perra parida,
no se me acerca ninguna.

XI

A los otros les brotan las coplas
como agua del manantial;
pues a mí me pasa igual:
aunque las mías nada valen,
de la boca se me salen
como ovejas del corral.

Que en puertiando la primera,
ya la siguen las demás,
y en montones las de atrás
contra los palos se estrellan,
y saltan y se atropellan
sin que se corten jamás.

Y aunque yo por mi inocencia
con gran trabajo me esplico,
cuando llego a abrir el pico,
tenganló por cosa cierta:
sale un verso y en la puerta
ya asoma el otro el hocico.

Y emprésteme su atención;
me oirá relatar las penas
de que traigo la alma llena,
porque en toda circustancia,
paga el gaucho su inorancia
con la sangre de sus venas.

Después de aquella desgracia,
me refugié en los pajales;
andube entre los cardales
como vicho sin guarida;
pero, amigo, es esa vida
como vida de animales.

Y son tantas las miserias
en que me he sabido ver,
que con tanto padecer
y sufrir tanta aflición,
malicio que he de tener
un callo en el corazón.

Ansí andaba como *guacho*
cuando pasa el temporal.
Supe una vez por mi mal
de una *milonga* que había,
y ya pa la *pulpería*
enderecé mi *bagual*.

Era la casa del baile
un rancho de mala muerte,
y se enllenó de tal suerte,
que andábamos a empujones:
nunca faltan encontrones
cuando un pobre se divierte.

Yo tenía unas medias botas
con tamaños verdugones;
me pusieron los talones
con crestas como los gallos.
¡Si viera mis afliciones
pensando yo que eran callos!

Con *gato* y con fandanguillo
había empezao el *changango;*
y para ver el fandango,
me colé haciéndome bola;
mas metió el diablo la cola,
y todo se volvió *pango.*

Había sido el guitarrero
un gaucho duro de boca,
yo tengo pacencia poca
pa aguantar cuando no debo;
a ninguno me le atrevo,
pero me halla el que me toca.

A bailar un *pericón*
con una moza salí,
y cuanto me vido allí
sin duda me conoció,
y estas coplitas cantó
como por rairse de mí:

«Las mujeres son todas
como las mulas.
Yo no digo que todas,
pero hay algunas
que a las aves que vuelan
les sacan plumas.

»Hay gauchos que presumen
de tener damas.
No digo que presumen,
pero se alaban,
y a lo mejor los deja
tocando tablas.»

Se secretiaron las hembras,
y yo ya me *encocoré.*
Volié la anca y le grité:
—«Dejá de cantar… chicharra».
Y de un tajo a la guitarra
tuitas las cuerdas corté.

Al punto salió de adentro
un *gringo* con un jusil;
pero nunca he sido vil,
poco el peligro me espanta;
yo me *refalé* la manta
y la eché sobre el candil.

Gané en seguida la puerta
gritando: «Naides *me ataje»;*
y alborotao el hembraje
lo que todo quedó escuro,
empezó a verse en apuro
mesturao con el gauchaje.

El primero que salió
fue el cantor, y se me vino;
pero yo no pierdo el tino
aunque haiga tomao un trago,
y hay algunos por mi *pago*
que me tienen por ladino.

No ha de haber *achocao* otro:
le salió cara la broma.
A su amigo cuando toma
se le despeja el sentido,
y el pobrecito había sido
como carne de paloma.

Para prestar sus socorros
las mujeres no son lerdas:
antes que la sangre pierda
lo arrimaron a unas pipas.
Ay lo dejé con las tripas
como pa que hicieran cuerdas.

Monté y me largué a los campos,
más libre que el pensamiento,
como las nubes al viento
a vivir sin paradero;
que no tiene el que es *matrero*
nido, ni rancho, ni asiento.

No hay juerza contra el destino
que le ha señalao el cielo;
y aunque no tenga consuelo,
aguante el que está en trabajo:
¡Naides se rasca pa abajo,
ni se *lonjea* contra el pelo!

Con el gaucho desgraciao
no hay uno que no se *entone*.
La menor falta lo espone
a andar con los avestruces.
Faltan otros con más luces
y siempre hay quien los perdone.

XII

Yo no sé qué tantos meses
esta vida me duró.
A veces nos obligó
la miseria a comer *potro;*
me había acompañao con otros
tan desgraciaos como yo.

Mas, ¿para qué platicar
sobre esos males, canejo?
Nace el gaucho y se hace viejo,
sin que mejore su suerte,
hasta que por ay la muerte
sale a cobrarle el pellejo.

Pero como no hay desgracia
que no acabe alguna vez,
me acónteció que después
de sufrir tanto rigor,
un amigo por favor
me compuso con el juez.

Le alvertiré que en mi *pago*
ya no va quedando un criollo;
se los ha tragao el oyo,
o juido o muerto en la guerra,
porque, amigo, en esta tierra
nunca se acaba el embrollo.

Colijo que jue para eso
que me llamó el juez un día,
y me dijo que quería
hacerme a su lao venir,
y que dentrase a servir
de soldao de polecía.

Y me largó una ploclama
tratándome de valiente,
que yo era un hombre decente,
y que, dende aquel momento,
me nombraba de sargento
pa que mandara la gente.

Ansí estuve en la partida,
pero, ¿qué había de mandar?
Anoche al irlo a tomar
vide güena coyontura,
y a mí no me gusta andar
con la *lata* a la centura.

* * *

Ya conoce, pues, quién soy,
tenga confianza conmigo:
Cruz le dio mano de amigo,
y no lo ha de abandonar;
juntos podemos buscar
pa los dos un mesmo abrigo.

Andaremos de *matreros*
si es preciso pa salvar.
Nunca nos ha de faltar
ni un güen *pingo* para juir,
ni un pajal ande dormir,
ni un *matambre* que *ensartar*.

Y cuando sin trapo alguno
nos haiga el tiempo dejao,
yo le pediré emprestao
el cuero a cualquiera lobo,
y hago un *poncho,* si lo sobo,
mejor que *poncho* engomao.

Para mí la cola es pecho
y el espinazo cadera:
hago mi nido ande quiera
y de lo que encuentro como;
me echo tierra sobre el lomo
y me apeo en cualquier tranquera.

Y dejo rodar la bola,
que algún día se ha de parar.
Tiene el gaucho que aguantar
hasta que lo trague el oyo
o hasta que venga algún criollo
en esta tierra a mandar.

Lo miran al pobre gaucho
como carne de cogote;
lo tratan *al estricote*,
y si ansí las cosas andan
porque quieren los que mandan,
aguantemos los azotes.

¡*Pucha,* si usté los oyera,
como yo en una ocasión,
tuita la conversación
que con otro tuvo el juez!
Le asiguro que esa vez
se me achicó el corazón.

Hablaban de hacerse ricos
con campos en la frontera;
de sacarla más ajuera
donde había campos baldidos,
y llevar de los partidos
gente que la defendiera.

Todo se güelven proyetos
de colonias y carriles,
y tirar la plata a miles
en los *gringos enganchaos,*
mientras al pobre soldao
le *pelan la chaucha,* ¡ah viles!

Pero si siguen las cosas
como van hasta el presente,
puede ser que redepente
veamos el campo desierto,
y blanquiando solamente
los güesos de los que han muerto.

Hace mucho que sufrimos
la suerte reculativa:
trabaja el gaucho y no arriba,
pues a lo mejor del caso,
lo levantan de un sogaso
sin dejarle ni saliva.

De los males que sufrimos
hablan mucho los *puebleros,*
pero hacen como los *teros*
para esconder sus niditos:
en un lao pegan los gritos
y en otro tienen los güevos.

Y se hacen los que no aciertan
a dar con la coyontura;
mientras al gaucho lo apura
con rigor la autoridá,
ellos a la enfermedá
le están errando la cura.

XIII

MARTÍN FIERRO

Ya veo que somos los dos
astillas del mesmo palo:
yo paso por gaucho malo
y usté anda del mesmo modo;
y yo, pa acabarlo todo,
a los indios me *refalo.*

Pido perdón a mi Dios,
que tantos bienes me hizo;
pero dende que es preciso
que viva entre los infieles,
yo seré cruel con los crueles:
ansí mi suerte lo quiso.

Dios formó lindas las flores,
delicadas como son;
les dio toda perfeción
y cuanto él era capaz;
pero al hombre le dio más
cuando le dio el corazón.

Le dio claridá a la luz,
juerza en su carrera al viento,
le dio vida y movimiento
dende la águila al gusano;
pero más le dio al cristiano
al darle el entendimiento.

Y aunque a las aves les dio,
con otras cosas que inoro,
esos piquitos como oro
y un plumaje como tabla,
le dio al hombre más tesoro
al darle una lengua que habla.

Y dende que dio a las fieras
esa juria tan inmensa,
que no hay poder que las vensa
ni nada que las asombre,
¿qué menos le daría al hombre
que el valor pa su defensa?

Pero tantos bienes juntos
al darle, malicio yo
que en sus adentros pensó
que el hombre los precisaba,
pues los bienes igualaba
con las penas que le dio.

Y yo, empujao por las mías,
quiero salir de este infierno;
ya no soy pichón muy tierno
y sé manejar la lanza,
y hasta los indios no alcanza
la facultá del Gobierno.

Yo sé que allá los caciques
amparan a los cristianos,
y que los tratan de «hermanos»
cuando se van por su gusto.
¿A qué andar pasando susto?
Alcemos el poncho y vamos.

En la *cruzada* hay peligros,
pero ni aun esto me aterra.
Yo ruedo sobre la tierra
arrastrao por mi destino;
y si erramos el camino…
no es el primero que lo erra.

Si hemos de salvar o no,
de esto naides nos responde;
derecho ande el sol se esconde
tierra adentro hay que tirar;
algún día hemos de llegar,
después sabremos a dónde.

No hemos de perder el rumbo:
los dos somos güena yunta.
El que es gaucho va ande apunta,
aunque inore ande se encuentra.
Pa el lao en que el sol se dentra
dueblan los *pastos* la punta.

De hambre no pereceremos,
pues, sigún otros me han dicho,
en los campos se hallan vichos
de los que uno necesita:
gamas, *matacos, mulitas,*
avestruces y *quirquinchos.*

Cuando se anda en el desierto
se come uno hasta las colas.
Lo han cruzao mugeres solas
llegando al fin con salú;
y ha de ser gaucho el ñandú
que se escape de mis *bolas.*

Tampoco a la sé le temo,
yo la aguanto muy contento;
busco agua olfatiando al viento,
y dende que no soy manco,
ande hay duraznillo blanco
cavo y la saco al momento.

Allá habrá seguridá,
ya que aquí no la tenemos;
menos males pasaremos,
y ha de haber grande alegría
el día que nos descolguemos
en alguna *toldería.*

Fabricaremos un *toldo,*
como lo hacen tantos otros,
con unos cueros de *potro,*
que sea sala y sea cocina.
¡Tal vez no falte una *china*
que se apiade de nosotros!

Allá no hay que trabajar,
vive uno como un señor.
De cuando en cuando, un *malón;*
y si de él sale con vida,
lo pasa echao panza arriba
mirando dar güelta el sol.

Y ya que a juerza de golpes
la suerte nos dejó *a flus,*
puede que allá veamos luz
y se acaben nuestras penas.
Todas las tierras son güenas:
vámosnos, amigo Cruz.

El que maneja las *bolas,*
el que sabe echar un *pial,*
y sentársele a un *bagual*
sin miedo de que lo baje,
entre los mesmos salvajes
no puede pasarlo mal.

El amor, como la guerra,
lo hace el criollo con canciones.
A más de eso, en los malones
podemos aviarnos de algo.
En fin, amigo, yo salgo
de estas pelegrinaciones.

* * *

En este punto el cantor
buscó un porrón pa consuelo,
echó un trago como un cielo,
dando fin a su argumento;
y de un golpe al estrumento
lo hizo astillas contra el suelo.

—«Ruempo – dijo– la guitarra
pa no volverme a tentar;
ninguno la ha de tocar,
por siguro tenganló:
pues naides ha de cantar
cuando este gaucho cantó.

Y daré fin a mis coplas
con aire de relación.
Nunca falta un preguntón
más curioso que mujer,
y tal vez quiera saber
cómo jue la conclusión.

Cruz y Fierro de una *estancia*
una tropilla se arriaron;
por delante se la echaron,
como criollos entendidos,
y pronto sin ser sentidos
por la frontera cruzaron.

Y cuando la habían pasao,
una madrugada clara,
le dijo Cruz que mirara
las últimas poblaciones,
y a Fierro dos lagrimones
le rodaron por la cara.

Y siguiendo el fiel del rumbo,
se entraron en el desierto.
No sé si los habrán muerto
en alguna correría;
pero espero que algún día
sabré de ellos algo cierto.

Y ya con estas noticias
mi relación acabé.
Por ser ciertas las conté
todas las desgracias dichas.
Es un telar de desdichas
cada gaucho que usté ve.

Pero ponga su esperanza
en el Dios que lo formó;
y aquí me despido yo,
que he relatao a mi modo
males que conocen todos,
pero que naides contó.

LA VUELTA DE MARTÍN FIERRO

CUATRO PALABRAS DE CONVERSACIÓN CON LOS LECTORES

Entrego a la benevolencia pública, con el título *La vuelta de Martín Fierro,* la segunda parte de una obra que ha tenido una acogida tan generosa, que en seis años se han repetido once ediciones, con un total de cuarenta y ocho mil ejemplares.

Esto no es vanidad de autor, porque no rindo tributo a esa falsa diosa; ni bombo de editor, porque no lo he sido nunca de mis humildes producciones.

Es un recuerdo oportuno y necesario para explicar por qué el primer tiraje del presente libro consta de veinte mil ejemplares, divididos en cinco secciones o ediciones de a cuatro mil números cada una; y agregaré que confío en que el acreditado Establecimiento Tipográfico del señor Coni hará una impresión esmerada, como la tienen todos los libros que salen de sus talleres.

Lleva también diez ilustraciones incorporadas en el texto, y creo que en los dominios de la literatura es la primera vez que una obra sale de las prensas nacionales con esta mejora.

Así se empieza.

Las láminas han sido dibujadas y calcadas en la piedra por don Carlos Clerice, artista compatriota que llegará a ser notable en su ramo, porque es joven, tiene escuela, sentimiento artístico y amor al trabajo.

El grabado ha sido ejecutado por el señor Supot, que posee el arte nuevo y poco generalizado todavía entre nosotros de fijar en láminas metálicas lo que la habilidad del litógrafo ha calcado en la piedra, creando o imaginando posiciones que interpreten con claridad y sentimiento la escena descrita en el verso.

No se ha omitido, pues, ningún sacrificio a fin de hacer una publicación en las más aventajadas condiciones artísticas.

En cuanto a su parte literaria, sólo diré que no se debe perder de vista al juzgar los defectos del libro que es copia fiel de una original que los tiene, y repetiré que muchos defectos están allí con el objeto de hacer más evidente y clara la imitación de los que lo son en realidad.

Un libro destinado a despertar la inteligencia y el amor a la lectura en una población casi primitiva, a servir de provechoso recreo, después de las fatigosas tareas, a millares de personas que jamás han leído, debe ajustarse estrictamente a los usos y costumbres de esos mismos lectores, rendir sus ideas e interpretar sus sentimientos en su mismo lenguaje, en sus frases más usuales, en su forma más general, aunque sea incorrecta; con sus imágenes de mayor relieve y con sus giros más característicos, a fin de que el libro se identifique con ellos de una manera tan estrecha e íntima, que su lectura no sea sino una continuación natural de su existencia.

Sólo así pasan sin violencia del trabajo al libro; y sólo así esa lectura puede serles amena, interesante y útil.

¡Ojalá hubiera un libro que gozara del dichoso privilegio de circular incesantemente de mano en mano en esta inmensa población diseminada en nuestras vastas campañas, y que bajo una forma que lo hiciera agradable, que asegurara su popularidad, sirviera de ameno pasatiempo a sus lectores!, pero:

Enseñando que el trabajo honrado es la fuente principal de toda mejora y bienestar.

Enalteciendo las virtudes morales que nacen de la ley natural y que sirven de base a todas las virtudes sociales.

Inculcando en los hombres el sentimiento de veneración hacia su Creador, inclinándolos a obrar bien.

Afeando las supersticiones ridículas y generalizadas que nacen de una deplorable ignorancia.

Tendiendo a regularizar y dulcificar las costumbres, enseñando por medios hábilmente escondidos la moderación y el aprecio de sí mismo, el respeto a los demás, estimulando la fortaleza por el espectáculo del infortunio acerbo, aconsejando la perseverancia en el bien y la resignación en los trabajos.

Recordando a los padres los deberes que la naturaleza les impone para con sus hijos, poniendo ante sus ojos los males que produce su olvido, induciéndolos por ese medio a que mediten y calculen por sí mismos todos los beneficios de su cumplimiento.

Enseñando a los hijos cómo deben respetar y honrar a los autores de sus días.

Fomentando en el esposo el amor a su esposa, recordando a ésta los santos deberes de su estado; encareciendo la felicidad del hogar, enseñando a todos a tratarse con respeto recíproco, robusteciendo por todos estos medios los vínculos de la familia y de la sociabilidad.

Afirmando en los ciudadanos el amor a la libertad, sin apartarse del respeto que es debido a los superiores y magistrados.

Enseñando a hombres con escasas nociones morales que deben ser humanos y clementes, caritativos con el huérfano y con el desvalido, fieles a la amistad, gratos a los favores recibidos, enemigos de la holgazanería y del vicio, conformes con los cambios de fortuna, amantes de la libertad, tolerantes, justos y prudentes siempre.

Un libro que todo esto, más que esto o parte de esto enseñara sin decirlo, sin revelar su pretensión, sin dejarla conocer siquiera, sería indudablemente un buen libro, y por cierto que levantaría el nivel moral e intelectual de sus lectores, aunque dijera *naides* por *nadie, resertor* por *desertor, mesmo* por *mismo* u otros barbarismos semejantes, cuya enmienda le está reservada a la escuela, llamada a llenar un vacío que el poema debe respetar, y a corregir vicios y defectos de fraseología, que son también elementos de que se debe apoderar el arte para combatir y extirpar males morales más fundamentales y trascendentes, examinándolos bajo el punto de vista de una filosofía más elevada y pura.

El progreso de la locución no es la base del progreso social, y un libro que se propusiera tan elevados fines debería prescindir por completo de las delicadas formas de la cultura de la frase, subordinándose a las imperiosas exigencias de sus propósitos moralizadores, que serían en tal caso el éxito buscado.

Los personajes colocados en escena deberían hablar en su lenguaje peculiar y propio, con su originalidad, su gracia y sus defectos naturales, porque, despojados de ese ropaje, lo serían igualmente de su carácter típico, que es lo único que los hace simpáticos, conservando la imitación y la verosimilitud en el fondo y en la forma.

Entra también en esta parte la elección del prisma a través del cual le es permitido a cada uno estudiar sus tiempos. Y aceptando esos defectos como un elemento, se idealiza también, se piensa, se inclina a los demás a que piensen igualmente, y se agrupan, se preparan y conservan pequeños monumentos de arte para los que han de estudiarnos mañana y levantar el grande monumento de la historia de nuestra civilización.

El gaucho no conoce ni siquiera los elementos de su propio idioma, y sería una impropiedad, cuando menos, y una falta de verdad muy censurable, que quien no ha abierto jamás un libro siga las reglas de arte de Blair, Hermosilla o la Academia.

El gaucho no aprende a cantar. Su único maestro es la espléndida naturaleza que en variados y majestuosos panoramas se extiende delante de sus ojos.

Canta porque hay en él cierto impulso moral, algo de métrico, de rítmico que domina en su organización, y que lo lleva hasta el extraordinario extremo de que todos sus refranes, sus dichos agudos, sus proverbios comunes son expresados en dos versos octosílabos perfectamente medidos, acentuados con inflexible regularidad, llenos de armonía, de sentimiento y de profunda intención.

Eso mismo hace muy difícil, si no de todo punto imposible, distinguir y separar cuáles son los pensamientos originales del autor y cuáles los que son recogidos de las fuentes populares.

No tengo noticia que exista ni que haya existido una raza de hombre aproximado a la naturaleza, cuya sabiduría proverbial llene todas las condiciones rítmicas de nuestros proverbios gauchos.

Qué singular es y qué digno de observación el oír a nuestros paisanos más incultos expresar en dos versos claros y sencillos máximas y pensamientos morales que las naciones más antiguas, la India y la Persia, conservaban como un tesoro inestimable de su sabiduría proverbial; que los griegos escuchaban con veneración en boca de sus sabios más profundos, de Sócrates, fundador de la moral, de Platón y de Aristóteles; que entre los latinos difundió gloriosamente el afamado Séneca; que los hombres del Norte les dieron lugar preferente en su robusta y enérgica literatura; que la civilización moderna repite por medio de sus moralistas más esclarecidos, y que se hallan consagrados fundamentalmente en los códigos religiosos de todos los grandes reformadores de la humanidad.

Indudablemente que hay cierta semejanza íntima, cierta identidad misteriosa entre todas las razas del globo que sólo estudian en el gran libro de la naturaleza, pues que de él deducen y vienen deduciendo desde hace más de tres mil años la misma enseñanza, las mismas virtudes naturales, expresadas en prosa por todos los hombres del globo, y en verso por los gauchos que habitan las vastas y fértiles comarcas que se extienden a las dos márgenes del Plata.

El corazón humano y la moral son los mismos en todos los siglos.

Las civilizaciones difieren esencialmente. «Jamás se hará —dice el doctor don V. F. López en su prólogo a *Las neurosis*— un profesor o un catedrático europeo de un bracma». Así debe ser: pero no ofrecería la misma dificultad el hacer de un gaucho un bracma lleno de sabiduría, si es que los bracmas hacen consistir toda su ciencia en su sabiduría proverbial, según los pinta el sabio conservador de la Biblioteca Nacional de París en *La sabiduría popular de las naciones,* que difundió en el Nuevo Mundo el americano Pazos Kanki.

Saturados de ese espíritu gaucho hay entre nosotros algunos poetas de formas muy cultas y correctas, y no ha de escasear el género porque es una producción legítima y espontánea del país, y que en verdad no se manifiesta únicamente en el terreno florido de la literatura.

Concluyo aquí, dejando a la consideración de los benévolos lectores lo que yo no puedo decir sin extender demasiado este prefacio, poco necesario en las humildes coplas de un hijo del desierto.

¡Sea el público indulgente con él!, y acepte esta humilde producción que le dedicamos como que es nuestro mejor y más antiguo amigo.

La originalidad de un libro debe empezar en el prólogo. Nadie se sorprenda, por tanto, ni de la forma ni de los objetos que éste abraza. Y debemos terminarlo haciendo público nuestro agradecimiento hacia los distinguidos escritores que acaban de honrarnos con su fallo, como el señor don José Tomás Guido, en una bellísima carta que acogieron deferentes *La Tribuna* y *La Prensa, y* que reprodujeron en sus columnas varios periódicos de la República; el Dr. don Adolfo Saldias, en un meditado trabajo sobre el tipo histórico y social del gaucho; el doctor don Miguel Navarro Viola, en la última entrega de la *Biblioteca Popular*, estimulándonos con honrosos términos a continuar en la tarea empezada.

Diversos periódicos de la ciudad y campaña como *El Heraldo*, del Azul; *La Patria*, de Dolores; *El Oeste*, de Mercedes, y otros, han adquirido también justos títulos a nuestra gratitud, que consideramos como una deuda sagrada.

Terminamos esta breve reseña con *La Capital*, del Rosario, que ha anunciado *La vuelta de Martín Fierro* haciendo concebir esperanzas que Dios sabe si van a ser satisfechas.

Ciérrase este prólogo diciendo que se llama este libro *La vuelta de Martín Fierro* porque ese título le dio el público antes, mucho antes de haber pensado yo en escribirlo; y allá va a correr tierras con mi bendición paternal.

José Hernández

I

MARTÍN FIERRO

Atención, pido al silencio
y silencio a la atención,
que voy en esta ocasión,
si me ayuda la memoria,
a mostrarles que a mi historia
le faltaba lo mejor.

Viene uno como dormido
cuando vuelve del desierto;
veré si a esplicarme acierto
entre gente tan bizarra
y si al sentir la guitarra
de mi sueño me dispierto.

Siento que mi pecho tiembla,
que se turba mi razón,
y de la vigüela al son
imploro a la alma de un sabio
que venga a mover mi labio
y alentar mi corazón.

Si no llego a *treinta y una*,
de fijo en treinta me planto;
y esta confianza adelanto
porque recebí en mí mismo
con el agua del bautismo
la facultá para el canto.

Tanto el pobre como el rico
la razón me la han de dar;
y si llegan a escuchar
lo que esplicaré a mi modo,
digo que no han de reir todos,
algunos han de llorar.

Mucho tiene que contar
el que tuvo que sufrir,
y empezaré por pedir
no duden de cuanto digo;
pues debe crerse al testigo
si no pagan por mentir.

Gracias le doy a la Virgen,
gracias le doy al Señor,
porque entre tanto rigor,
y habiendo perdido tanto,
no perdí mi amor al canto
ni mi voz como cantor.

Que cante todo viviente
otorgó el Eterno Padre;
cante todo el que le cuadre
como lo hacemos los dos,
pues sólo no tiene voz
el ser que no tiene sangre.

Canta el *pueblero*... y es pueta;
canta el gaucho... y ¡ay Jesús!,
lo miran como avestruz,
su inorancia los asombra;
mas siempre sirven las sombras
para distinguir la luz.

El campo es del inorante;
el pueblo, del hombre estruido;
yo que en el campo he nacido,
digo que mis cantos son,
para los unos…, sonidos,
y para otros…, intención.

Yo he conocido cantores
que era un gusto el escuchar;
mas no quieren opinar
y se divierten cantando;
pero yo canto opinando,
que es mi modo de cantar.

El que va por esta senda,
cuanto sabe desembucha,
y aunque mi cencia no es mucha,
esto en mi favor previene:
yo sé el corazón que tiene
el que con gusto me escucha.

Lo que pinta este pincel,
ni el tiempo lo ha de borrar;
ninguno se ha de animar
a corregirme la plana;
no pinta quien tiene gana,
si no quien sabe pintar.

Y no piensen los oyentes
que del saber hago alarde:
he conocido, aunque tarde,
sin haberme arrepentido,
que es pecado cometido
el decir ciertas verdades.

Pero voy en mi camino
y nada me ladiará;
he de decir la verdá,
de naides soy adulón;
aquí no hay imitación,
ésta es pura realidá.

Y el que me quiera enmendar
mucho tiene que saber;
tiene mucho que aprender
el que me sepa escuchar;
tiene mucho que rumiar
el que me quiera entender.

Más que yo y cuantos me oigan,
más que las cosas que tratan,
más que lo que ellos relatan,
mis cantos han de durar.
Mucho ha habido que mascar
para echar esta bravata.

Brotan quejas de mi pecho,
brota un lamento sentido;
y es tanto lo que he sufrido
y males de tal tamaño,
que reto a todos los años
a que traigan el olvido.

Ya verán si me dispierto
cómo se compone el baile;
y no se sorprenda naides
si mayor fuego me anima;
porque quiero alzar la *prima*
como pa tocar al aire.

Y con la cuerda tirante,
dende que ese tono elija,
yo no he de *aflojar manija*
mientras que la voz no pierda,
si no se corta la cuerda
o no cede la clavija.

Aunque rompí el estrumento
por no volverme a tentar,
tengo tanto que contar
y cosas de tal calibre,
que Dios quiera que se libre
el que me enseñó a templar.

De naides sigo el ejemplo,
naide a dirigirme viene;
yo digo cuanto conviene,
y el que en tal *güeya* se planta,
debe cantar, cuando canta,
con toda la voz que tiene.

He visto rodar la bola
y no se quiere parar;
al fin de tanto rodar
me he decidido a venir
a ver si puedo vivir
y me dejan trabajar.

Sé dirigir la *mansera*
y también echar un *pial;*
sé correr en un *rodeo,*
trabajar en un corral;
me sé sentar en un pértigo
lo mesmo que en un *bagual.*

Y empriéstenme su atención
si ansí me quieren honrar;
de no, tendré que callar,
pues el pájaro cantor
jamás se para a cantar
en árbol que no da flor.

Hay trapitos que golpiar,
y de aquí no me levanto;
escúchenme cuando canto
si quieren que desembuche.
Tengo que decirles tanto
que les mando que me escuchen.

Déjenme tomar un trago.
Éstas son otras cuarenta;
mi garganta está sedienta
y de esto no me abochorno,
pues el viejo, como el horno,
por la boca se calienta.

II

Triste suena mi guitarra,
y el asunto lo requiere.
Ninguno alegrías espere,
si no sentidos lamentos
de aquel que en duros tormentos
nace, crece, vive y muere.

Es triste dejar sus *pagos*
y largarse a tierra agena
llevándose la alma llena
de tormentos y dolores;
mas nos llevan los rigores
como el *pampero* a la arena.

¡Irse a cruzar el desierto
lo mesmo que un foragido,
dejando aquí en el olvido,
como dejamos nosotros,
su mujer en brazos de otro
y sus hijitos perdidos!

¡Cuántas veces al cruzar
en esa inmensa llanura,
al verse en tal desventura
y tan lejos de los suyos,
se tira uno entre los *yuyos*
a llorar con amargura!

En la orilla de un arroyo
solitario lo pasaba,
en mil cosas cavilaba,
y a una güelta repentina
se me hacía ver a mi *china*
o escuchar que me llamaba.

Y las aguas serenitas
bebe el *pingo* trago a trago,
mientras sin ningún halago
pasa uno hasta sin comer,
por pensar en su mujer,
en sus hijos y en su *pago*.

Recordarán que con Cruz
para el desierto tiramos;
en la Pampa nos entramos,
cayendo por fin del viaje
a unos *toldos* de salvajes,
los primeros que encontramos.

La desgracia nos seguía.
Llegamos en mal momento:
estaban en parlamento
tratando de una invasión,
y el indio en tal ocasión
recela hasta de su aliento.

Se armó un tremendo alboroto
cuando nos vieron llegar;
no podíamos aplacar
tan peligroso hervidero;
nos tomaron por *bomberos*
y nos quisieron lanciar.

Nos quitaron los caballos
a los muy pocos minutos;
estaban irresolutos,
quién sabe qué pretendían;
por los ojos nos metían
las lanzas aquellos brutos.

Y déle en su *lengüeteo*
hacer gestos y cabriolas;
uno desató las *bolas*
y se nos vino en seguida:
ya no créiamos con vida
salvar ni por carambola.

Allá no hay misericordia
ni esperanza que tener:
el indio es de parecer
que siempre matarse debe,
pues la sangre que no bebe
le gusta verla correr.

Cruz se dispuso a morir
peliando y me convidó;
—«Aguantemos —dije yo—
el fuego hasta que nos queme».
Menos los peligros teme
quien más veces los venció.

Se debe ser más prudente
cuanto el peligro es mayor;
siempre se salva mejor
andando con alvertencia,
porque no está la prudencia
reñida con el valor.

Vino al fin el *lenguaraz,*
como a trairnos el perdón.
Nos dijo: —«La salvación
se la deben a un cacique;
me manda que les esplique
que se trata de un *malón.*

»Les ha dicho a los demás
que ustedes queden cautivos,
por si cain algunos vivos
en poder de los cristianos
rescatar a sus hermanos
con estos dos fugitivos.»

Volvieron al parlamento
a tratar de sus alianzas,
o tal vez de las matanzas;
y conforme les detallo,
hicieron cerco a caballo
recostándose en las lanzas.

Dentra al cerco un indio viejo
y allí a *lengüetiar* se larga.
Quién sabe qué les encarga,
pero toda la riunión
lo escuchó con atención
lo menos tres horas largas.

Pegó al fin tres alaridos,
y ya principia otra danza;
para mostrar su pujanza
y dar pruebas de ginete,
dio riendas *rayando el flete*
y revoliando la lanza.

Recorre luego la fila,
frente a cada indio se para,
lo amenaza cara a cara
y en su juria aquel maldito
acompaña con su grito
el cimbrar de la *tacuara.*

Se vuelve aquello un incendio
más feo que la mesma guerra;
entre una nube de tierra
se hizo allí una mescolanza
de *potros,* indios y lanzas,
con alaridos que aterran.

Parece un baile de fieras,
sigún yo me lo imagino.
Era inmenso el remolino,
las voces aterradoras,
hasta que al fin de dos horas
se aplacó aquel torbellino.

De noche formaban cerco
y en el centro nos ponían;
para mostrar que querían
quitarnos toda esperanza,
ocho o diez filas de lanzas
alrededor nos hacían.

Allí estaban vigilantes
cuidándonos a porfía;
cuando roncar parecían:
«Huaincá», gritaba cualquiera,
y toda la fila entera
«Huaincá», «Huaincá», repetía.

Pero el indio es dormilón
y tiene un sueño projundo;
es roncador sin segundo
y en tal confianza es su vida
que ronca a pata tendida
aunque se dé güelta el mundo.

Nos aviriguaban todo,
como aquél que se previene,
porque siempre les conviene
saber las juerzas que andan,
dónde están, quiénes las mandan,
qué caballos y armas tienen.

A cada respuesta nuestra
uno hace una esclamación,
y luego en continuación,
aquellos indios feroces,
cientos y cientos de voces
repiten al mesmo son.

Y aquella voz de uno solo,
que empieza por un gruñido,
llega hasta ser alarido
de toda la muchedumbre,
y ansí alquieren la costumbre,
de pegar esos bramidos.

III

De ese modo nos hallamos
empeñaos en la partida.
No hay que darla por perdida
por dura que sea la suerte,
ni que pensar en la muerte
si no en soportar la vida.

Se endurece el corazón,
no teme peligro alguno.
Por encontrarlo oportuno
allí juramos los dos
respetar tan sólo a Dios;
de Dios abajo, a ninguno.

El mal es árbol que crece
y que cortado retoña,
la gente esperta o visoña
sufre de infinitos modos;
la tierra es madre de todos,
pero también da ponzoña.

Mas todo varón prudente
sufre tranquilo sus males.
Yo siempre los hallo iguales
en cualquier senda que elijo:
la desgracia tiene hijos
aunque ella no tiene madre.

Y al que le toca la herencia,
dondequiera halla su ruina.
Lo que la suerte destina
no puede el hombre evitar:
porque el cardo ha de pinchar
es que nace con espina.

Es el destino del pobre
un continuo safarrancho;
y pasa como el *carancho,*
porque el mal nunca se sacia,
si el viento de la desgracia
vuela las pajas del rancho.

Mas quien manda los pesares
manda también el consuelo;
la luz que baja del cielo
alumbra al más encumbrao,
y hasta el pelo más delgao
hace su sombra en el suelo.

Pero por más que uno sufra
un rigor que lo atormente,
no debe bajar la frente
nunca por ningún motivo;
el álamo es más altivo
y gime constantemente.

* * *

El indio pasa la vida
robando o echao de panza.
La única ley es la lanza
a que se ha de someter.
Lo que le falta en saber
lo suple con desconfianza.

Fuera cosa de engarzarlo
a un indio caritativo.
Es duro con el cautivo,
le dan un trato horroroso;
es astuto y receloso,
es audaz y vengativo.

No hay que pedirle favor
ni que aguardar tolerancia.
Movidos por su inorancia
y de puro desconfiaos,
nos pusieron separaos
bajo sutil vigilancia.

No pude tener con Cruz
ninguna conversación;
no nos daban ocasión.
Nos trataban como agenos.
Como dos años lo menos
duró esta separación.

Relatar nuestras penurias
fuera alargar el asunto.
Les diré sobre este punto
que a los dos años recién
nos hizo el cacique el bien
de dejarnos vivir juntos.

Nos retiramos con Cruz
a la orilla de un pajal.
Por no pasarlo tan mal
en el desierto infinito,
hicimos como un bendito
con dos cueros de *bagual*.

Fuimos a esconder allí
nuestra pobre situación,
aliviando con la unión
aquel duro cautiverio;
tristes como un cementerio
al toque de la oración.

Debe el hombre ser valiente
si a rodar se determina;
primero, cuando camina;
segundo, cuando descansa,
pues en aquellas andanzas
perece el que se acoquina.

Cuando es manso el ternerito
en cualquier vaca se priende.
El que es gaucho esto lo entiende
y ha de entender si le digo
que andábamos con mi amigo
como pan que no se vende.

Guarecidos en el *toldo*
charlábamos mano a mano;
éramos dos veteranos
mansos pa las sabandijas,
arrumbaos como *cubijas*
cuando calienta el verano.

El alimento no abunda
por más empeño que se haga;
lo pasa uno como plaga,
egercitando la industria,
y siempre, como la nutria,
viviendo a orillas del agua.

En semejante ejercicio
se hace diestro el cazador;
cai el *piche* engordador,
cai el pájaro que trina:
todo vicho que camina
va a parar al asador.

Pues allí a los cuatro vientos
la persecución se lleva;
naide escapa de la leva,
y dende que la alba asoma
ya recorre uno la loma,
el bajo, el nido y la cueva.

El que vive de la caza
a cualquier vicho se atreve
que pluma o cáscara lleve,
pues cuando la hambre se siente
el hombre le clava el diente
a todo lo que se mueve.

En las sagradas alturas
está el maestro principal,
que enseña a cada animal
a procurarse el sustento
y le brinda el alimento
a todo ser racional.

Y aves y vichos y *pejes*
se mantienen de mil modos;
pero el hombre, en su acomodo,
es curioso de oservar:
es el que sabe llorar
y es el que los come a todos.

IV

Antes de aclarar el día
empieza el indio a aturdir
la pampa con su rugir,
y en alguna madrugada,
sin que sintiéramos nada,
se largaban a invadir.

Primero entierran las prendas
en cuevas como *peludos;*
y aquellos indios cerdudos,
siempre llenos de recelos,
en los caballos en pelos
se vienen medio desnudos.

Para pegar el *malón*
el mejor *flete* procuran;
y como es su arma segura,
vienen con la lanza sola
y varios pares de *bolas*
atados a la cintura.

De ese modo anda liviano
no fatiga al *mancarrón;*
es su espuela en el *malón*
después de bien afilao
un cuernito de venao
que se amarra en el *garrón.*

El indio que tiene un *pingo*
que se llega a distinguir,
lo cuida hasta pa dormir;
de ese cuidado es esclavo;
se lo alquila a otro indio bravo
cuando vienen a invadir.

Por vigilarlo no come,
y ni aun el sueño concilia.
Sólo en eso no hay desidia.
De noche, les asiguro,
para tenerlo seguro
le hace cerco la familia.

Por eso habrán visto ustedes,
si en el caso se han hallao,
y si no lo han oservao
tenganló dende hoy presente,
que todo *pampa* valiente
anda siempre bien montao.

Marcha el indio a trote largo,
paso que rinde y que dura;
viene en dirección sigura
y jamás a su capricho.
No se les escapa vicho
en la noche más escura.

Caminan entre tinieblas
con un cerco bien formao;
lo estrechan con gran cuidao
y agarran al aclarar
ñanduces, gamas, venaos,
cuanto ha podido dentrar.

Su señal es un humito
que se eleva muy arriba,
y no hay quien no lo aperciba
con esa vista que tienen;
de todas partes se vienen
a engrosar la comitiva.

Ansina se van juntando,
hasta hacer esas riuniones
que cain en las invasiones
en número tan crecido.
Para formarla han salido
de los últimos rincones.

Es guerra cruel la del indio
porque viene como fiera;
atropella dondequiera
y de asolar no se cansa.
De su *pingo* y de su lanza
toda salvación espera.

Debe atarse bien la faja
quien aguardarlo se atreva;
siempre mala intención lleva.
Y como tiene *alma grande,*
no hay plegaria que lo ablande
ni dolor que lo conmueva.

Odia de muerte al cristiano,
hace guerra sin cuartel;
para matar es *sin yel;*
es fiero de condición.
No golpea la compasión
en el pecho del infiel.

Tiene la vista del águila,
del león la temeridá.
En el desierto no habrá
animal que él no lo entienda,
ni fiera de que no aprienda
un istinto de crueldá.

Es tenaz en su barbarie,
no esperen verlo cambiar:
el deseo de mejorar
en su rudeza no cabe:
el bárbaro sólo sabe
emborracharse y peliar.

El indio nunca se ríe,
y el pretenderlo es en vano,
ni cuando festeja ufano
el triunfo en sus correrías.
La risa en sus alegrías
le pertenece al cristiano.

Se cruzan por el disierto
como un animal feroz;
dan cada alarido atroz
que hace erizar los cabellos.
Parece que a todos ellos
los ha maldecido Dios.

Todo el peso del trabajo
lo dejan a las mujeres:
el indio es indio y no quiere
apiar de su condición;
ha nacido indio ladrón
y como indio ladrón muere.

El que envenenen sus armas
les mandan sus hechiceras;
y como ni a Dios veneran,
nada a los *pampas* contiene.
Hasta los nombres que tienen
son de animales y fieras.

Y son, ¡por Cristo bendito!,
los más desasiaos del mundo.
Esos indios vagabundos,
con repunancia me acuerdo,
viven lo mesmo que el cerdo
en esos *toldos* inmundos.

Naides puede imaginar
una miseria mayor;
su pobreza causa horror.
No sabe aquel indio bruto
que la tierra no da fruto
si no la riega el sudor.

V

Aquel desierto se agita
cuando la invasión regresa;
llevan miles de cabezas
de vacuno y yeguarizo;
pa no afligirse es preciso
tener bastante firmeza.

Aquello es un hervidero
de *pampas* —un celemín—;
cuando riunen el botín
juntando toda la *hacienda*
es cantidá tan tremenda
que no alcanza a verse el fin.

Vuelven las *chinas* cargadas
con las prendas en montón.
Aflige esa destrución.
Acomodaos en cargueros,
llevan *negocios* enteros
que han saquiado en la invasión.

Su pretensión es robar,
no quedar en el pantano.
Viene a tierra de cristianos
como furia del infierno,
no se llevan al gobierno
porque no lo hallan a mano.

Vuelven locos de contentos
cuando han venido a la fija.
Antes que ninguno elija
empiezan con todo empeño,
como dijo un santiagueño,
a hacerse la *repartija*.

Se reparten el botín
con igualdá, sin malicia.
No muestra el indio codicia,
ninguna falta comete:
sólo en esto se somete
a una regla de justicia.

Y cada cual con lo suyo
a sus *toldos* enderiesa.
Luego la matanza empieza,
tan sin razón ni motivo,
que no queda animal vivo
de esos miles de cabezas.

Y satisfecho el salvage
de que su oficio ha cumplido,
lo pasa por ay tendido
volviendo a su haraganiar;
y entra la *china* a *cueriar*
con un afán desmedido.

A veces a tierra adentro
algunas *puntas* se llevan;
pero hay pocos que se atrevan
a hacer esas incursiones,
porque otros indios ladrones
les suelen *pelar la breva*.

Pero pienso que los *pampas*
deben de ser los más rudos.
Aunque andan medio desnudos
ni su convenencia entienden:
por una vaca que venden
quinientas matan *al ñudo*.

Estas cosas y otras piores
las he visto muchos años;
pero si yo no me engaño
concluyó ese bandalage,
y esos bárbaros salvages
no podrán hacer más daño.

Las tribus están desechas;
los caciques más altivos
están muertos o cautivos,
privaos de toda esperanza,
y de la *chusma* y *de lanza*
ya muy pocos quedan vivos.

Son salvajes por completo
hasta pa su diversión,
pues hacen una junción
que naides se la imagina.
Recién le toca a la *china*
el *hacer su papelón*.

Cuanto el hombre es más salvage
trata pior a la mujer.
Yo no sé que pueda haber
sin ella dicha ni goce.
¡Feliz el que la conoce
y logra hacerse querer!

Todo el que entiende la vida
busca a su lao los placeres.
Justo es que las considere
el hombre de corazón.
Sólo los cobardes son
valientes con sus mujeres.

Pa servir a un desgraciao
pronto la mujer está.
Cuando en su camino va
no hay peligro que la asuste;
ni hay una a quien no le guste
una obra de caridá.

No se hallará una mujer
a la que esto no le cuadre.
Yo alabo al Eterno Padre
no porque las hizo bellas,
sino porque a todas ellas
les dio corazón de madre.

Es piadosa y diligente
y sufrida en los trabajos.
Tal vez su valer rebajo
aunque la estimo bastante;
mas los indios inorantes
la tratan al estropajo.

Echan la alma trabajando
bajo el más duro rigor;
el marido es su señor;
como tirano la manda,
porque el indio no se ablanda
ni siquiera en el amor.

No tiene cariño a naides
ni sabe lo que es amar;
¡ni qué se puede esperar
de aquellos pechos de bronce!,
yo los conocí al llegar
y los calé dende entonces.

Mientras tiene qué comer
permanece sosegao.
Yo, que en sus *toldos* he estao
y sus costumbres oservo,
digo que es como aquel cuervo *
que no volvió del mandao.

Es para él como juguete
escupir un crucifijo.
Pienso que Dios los maldijo
y ansina el ñudo desato.
El indio, el cerdo y el gato
redaman sangre del hijo.

Mas ya con cuentos de *pampas*
no ocuparé su atención.
Debo pedirles perdón,
pues sin querer me distraje.
Por hablar de los salvages
me olvidé de la junción.

— 71 —

* * *

Hacen un cerco de lanzas,
los indios quedan ajuera;
dentra la *china* ligera
como yeguada en la trilla
y empieza allí la cuadrilla
a dar güeltas en la era.

A un lao están los caciques,
capitanejos y el *trompa*,
tocando con toda pompa
como un toque de fagina;
adentro muere la *china*,
sin que aquel círculo rompa.

Muchas veces se les oyen
a las pobres los quejidos;
mas son lamentos perdidos:
alrededor del cercao,
en el suelo, están *mamaos*
los indios, dando alaridos.

Su canto es una palabra,
y de ay no salen jamás.
Llevan todas el compás,
«*ioká-ioká*» repitiendo;
me parece estarlas viendo
más fieras que Satanás.

Al trote dentro del cerco,
sudando, hambrientas, juriosas,
desgreñadas y rotosas,
de sol a sol se lo llevan.
Bailan aunque truene o llueva,
cantando la mesma cosa.

VI

El tiempo sigue en su giro
y nosotros solitarios.
De los indios sanguinarios
no teníamos qué esperar.
El que nos salvó al llegar
era el más hospitalario.

Mostró noble corazón,
cristiano anelaba ser.
La justicia es un deber,
y sus méritos no callo:
nos regaló unos caballos
y a veces nos vino a ver.

A la voluntá de Dios
ni con la intención resisto.
Él nos salvó… pero, iah, Cristo!,
muchas veces he deseado
no nos hubiera salvado
ni jamás haberlo visto.

Quien recibe beneficios
jamás los debe olvidar;
y al que tiene que rodar
en su vida trabajosa,
le pasan a veces cosas
que son duras de pelar.

Voy dentrando poco a poco
en lo triste del pasage.
Cuando es amargo el brebage
el corazón no se alegra.
Dentró una *virgüela* negra,
que los diezmó a los salvajes.

Al sentir tal mortandá,
los indios, desesperaos,
gritaban alborotaos:
«Cristiano echando *gualicho*».
No quedó en los *toldos* vicho
que no salió redotao.

Sus remedios son secretos;
los tienen las adivinas;
no los conocen las *chinas,*
si no alguna ya muy vieja,
y es que los aconseja,
con mil embustes, la indina.

Allí soporta el paciente
las terribles curaciones,
pues a golpes y estrujones
son los remedios aquellos.
Lo agarran de los cabellos
y le arrancan los mechones.

Les hacen mil heregías
que el presenciarlas da horror;
brama el indio de dolor
por los tormentos que pasa;
y untándolo todo en grasa
lo ponen a hervir al sol.

Y puesto allí boca arriba,
alrededor le hacen fuego.
Una *china* viene luego
y al oído le da de gritos.
Hay algunos tan malditos
que sanan con este juego.

A otros les cuecen la boca
aunque de dolores cruja;
lo agarran y allí lo estrujan;
labios le queman y dientes
con un güevo bien caliente
de alguna gallina bruja.

Conoce el indio el peligro
y pierde toda esperanza.
Si a escapárseles alcanza
dispara como una liebre.
Le da delirios la fiebre
y ya le cain con la lanza.

Esas fiebres son terribles,
y aunque de esto no disputo,
ni de saber me reputo,
será, decíamos nosotros,
de tanta carne de *potro*
como comen estos brutos.

Había un gringuito cautivo
que siempre hablaba del barco,
y lo augaron en un charco
por causante de la peste.
Tenía los ojos celestes
como potrillito *zarco*.

Que le dieran esa muerte
dispuso una *china* vieja;
y aunque se aflije y se queja,
es inútil que resista.
Ponía el infeliz la vista
como la pone la oveja.

Nosotros nos alejamos
para no ver tanto estrago.
Cruz sentía los amagos
de la peste que reinaba,
y la idea nos acosaba
de volver a nuestros *pagos*.

Pero contra el plan mejor
el destino se revela.
¡La sangre se me congela!
El que nos había salvado
cayó también atacado
de la fiebre y la *virgüela*.

No podíamos dudar
al verlo en tal padecer
el fin que había de tener,
y Cruz, que era tan humano:
—«Vamos —me dijo—, *paisano*,
a cumplir con un deber.»

Fuimos a estar a su lado
para ayudarlo a curar.
Lo vinieron a buscar
y hacerle como a los otros;
lo defendimos nosotros,
no lo dejamos lanciar.

Iba creciendo la plaga
y la mortandá seguía;
a su lado nos tenía
cuidándolo con paciencia.
Pero acabó su esistencia
al fin de unos pocos días.

El recuerdo me atormenta,
se renueva mi pesar,
me dan ganas de llorar,
nada a mis penas igualo.
Cruz también cayó muy malo,
ya para no levantar.

Todos pueden figurarse
cuánto tuve que sufrir;
yo no hacía si no gemir,
y aumentaba mi aflición
no saber una oración
pa ayudarlo a bien morir.

Se le pasmó la virgüela,
y el pobre estaba en un grito;
me recomendó un hijito,
que en su pago había dejado.
—«Ha quedado abandonado
—me dijo— aquel pobrecito.

»Si vuelve, búsquemelo»
—me repetía a media voz—.
En el mundo éramos dos
pues él ya no tiene madre:
que sepa el fin de su padre
y encomiende mi alma a Dios.»

Lo apretaba contra el pecho
dominao por el dolor.
Era su pena mayor
el morir allá entre infieles.
Sufriendo dolores crueles
entregó su alma al Criador.

De rodillas a su lado
yo lo encomendé a Jesús.
Faltó a mis ojos la luz;
tube un terrible desmayo;
cai como herido del rayo
cuando lo vi muerto a Cruz.

VII

Aquel bravo compañero
en mis brazos espiró,
hombre que tanto sirvió,
varón que fue tan prudente,
por humano y por valiente
en el desierto murió.

Y yo, con mis propias manos,
yo mesmo lo sepulté.
A Dios por su alma rogué,
de dolor el pecho lleno;
y humedeció aquel terreno
el llanto que redamé.

Cumplí con mi obligación;
no hay falta de que me acuse,
ni deber de que me escuse,
aunque de dolor sucumba:
allá señala su tumba
una cruz que yo le puse.

Andaba de *toldo* en *toldo*
y todo me fastidiaba,
el pesar me dominaba,
y entregao al sentimiento,
se me hacía cada momento
oír a Cruz que me llamaba.

Cuál más, cuál menos, los criollos
saben lo que es amargura.
En mi triste desventura
no encontraba otro consuelo
que ir a tirarme en el suelo
al lao de su sepoltura.

Allí pasaba las horas
sin haber naides conmigo,
teniendo a Dios por testigo,
y mis pensamientos fijos
en mi mujer y mis hijos,
en mi *pago* y en mi amigo.

Privado de tantos bienes
y perdido en tierra ajena,
parece que se encadena
el tiempo y que no pasara,
como si el sol se parara
a contemplar tanta pena.

Sin saber qué hacer de mí
y entregado a mi aflición,
estando allí una ocasión,
del lado que venía el viento
oí unos tristes lamentos
que llamaron mi atención.

No son raros los quejidos
en los *toldos* del salvage,
pues aquél es vandalage,
donde no se arregla nada
sino a lanza y puñalada,
a bolazos y a corage.

No preciso juramento,
deben creerle a Martín Fierro:
ha visto en ese destierro
a un salvaje que se irrita
degollar una chinita
y tirársela a los perros.

He presenciado martirios,
he visto muchas crueldades,
crímenes y atrocidades
que el cristiano no imagina,
pues ni el indio ni la *china*
sabe lo que son piedades.

Quise curiosiar los llantos
que llegaban hasta mí;
al punto me dirigí
al lugar de ande venían.
¡Me horrorisa todavía
el cuadro que descubrí!

Era una infeliz muger
que estaba de sangre llena,
y como una Madalena
lloraba con toda gana.
Conocí que era cristiana
y esto me dio mayor pena.

Cauteloso me acerqué
a un indio que estaba al lao,
porque el *pampa* es desconfiao
siempre de todo cristiano,
y vi que tenía en la mano
el rebenque ensangrentao.

VIII

Más tarde supe por ella,
de manera positiva,
que dentró una comitiva
de *pampas* a su partido,
mataron a su marido
y la llevaron cautiva.

En tan dura servidumbre
hacían dos años que estaba;
un hijito que llevaba
a su lado lo tenía.
La *china* la aborrecía,
tratándola como esclava.

Deseaba para escaparse
hacer una tentativa,
pues a la infeliz cautiva
naides la va a redimir,
y allí tiene que sufrir
el tormento mientras viva.

Aquella *china* perversa,
dende el punto que llegó,
crueldá y orgullo mostró
porque el indio era valiente:
usaba un collar de dientes
de cristianos que él mató.

La mandaba trabajar,
poniendo cerca a su hijito,
tiritando y dando gritos,
por la mañana temprano,
atado de pies y manos
lo mesmo que un corderito.

Ansí le imponía tarea
de juntar leña y sembrar
viendo a su hijito llorar;
y hasta que no terminaba,
la *china* no la dejaba
que le diera de mamar.

Cuando no tenían trabajo
la emprestaban a otra *china*.
—«Naides —decía— se imagina
ni es capaz de presumir
cuánto tiene que sufrir
la infeliz que está cautiva.»

Si ven crecido a su hijito,
como de piedá no entienden
y a súplicas nunca atienden,
cuando no es éste, es el otro:
se lo quitan y lo venden
o lo cambian por un *potro*.

En la crianza de los suyos
son bárbaros por demás.
No lo había visto jamás:
en una tabla los atan,
los crían ansí y les achatan
la cabeza por detrás.

Aunque esto parezca estraño,
ninguno lo ponga en duda;
entre aquella gente ruda,
en su bárbara torpeza,
es gala que la cabeza
se les forme puntiaguda.

Aquella *china* malvada
que tanto la aborrecía
empezó a decir un día,
porque falleció una hermana,
que sin duda la cristiana
le había echado brugería.

El indio la sacó al campo
y la empezó a amenazar
que le había de confesar
si la bruguería era cierta,
o que la iba a castigar
hasta que quedara muerta.

Llora la pobre, afligida;
pero el indio, en su rigor,
le arrebató con furor
al hijo de entre sus brazos.
Y del primer rebencazo
la hizo crugir de dolor.

Que aquel salvaje tan cruel
azotándola seguía;
más y más se enfurecía
cuanto más la castigaba,
y la infeliz *se atajaba*
los golpes como podía.

Que le gritó muy furioso:
—«Confechando no querés»;
la dio vuelta de un revés,
y por colmar su amargura,
a su tierna criatura
se la degolló a los pies.

—«Es increíble —me decía—,
que tanta fiereza esista.
No habrá madre que resista;
aquel salvage inclemente
cometió tranquilamente
aquel crimen a mi vista.»

Esos horrores tremendos
no los inventa el cristiano.
—«Ese bárbaro inhumano
—sollozando me lo dijo—
me amarró luego las manos
con las tripitas de mi hijo.»

IX

De ella fueron los lamentos
que en mi soledá escuché.
En cuanto al punto llegué,
quedé enterado de todo.
Al mirarla de aquel modo
ni un istante tutubié.

Toda cubierta de sangre
aquella infeliz cautiva,
tenía dende abajo arriba
la marca de los lazazos.
Sus trapos hechos pedazos
mostraban la carne viva.

Alzó los ojos al cielo,
en sus lágrimas bañada.
Tenía las manos atadas;
su tormento estaba claro.
Y me clavó una mirada
como pidiéndome amparo.

Yo no sé lo que pasó
en mi pecho en ese istante.
Estaba el indio arrogante
con una cara feroz:
para entendernos los dos
la mirada fue bastante.

Pegó un brinco como gato
y me ganó la distancia;
aprovechó esa ganancia
como fiera cazadora:
desató las boliadoras
y aguardó con vigilancia.

Aunque yo iba de curioso
y no por buscar contienda,
al *pingo* le até la rienda,
eché mano dende luego,
a *éste que no yerra fuego*,
y ya se armó la tremenda.

El peligro en que me hallaba
al momento conocí.
Nos mantubimos ansí,
me miraba y lo miraba;
yo al indio le desconfiaba
y él me desconfiaba a mí.

Se debe ser precavido
cuando el indio se agasape;
en esa postura el *tape*
vale por cuatro o por cinco:
como tigre es para el brinco
y fácil que a uno lo atrape.

Peligro era atropellar
y era peligro el juir,
y más peligroso seguir
esperando de este modo,
pues otros podían venir
y *carniarme* allí entre todos.

A juerza de precaución
muchas veces he salvado,
pues en un trance apurado
es mortal cualquier descuido.
Si Cruz hubiera vivido
no habría tenido cuidado.

Un hombre junto con otro
en valor y en juerza crece;
el temor desaparece;
escapa de cualquier trampa:
entre dos, no digo a un *pampa*,
a la tribu si se ofrece.

En tamaña incertidumbre,
en trance tan apurado,
no podía, por de contado,
escaparme de otra suerte
sino dando al indio muerte
o quedando allí estirado.

Y como el tiempo pasaba
y aquel asunto me urgía,
viendo que él no se movía,
me jui medio de soslayo
como a agarrarle el caballo,
a ver si se me venía.

Ansí fue, no aguardó más,
y me atropelló el salvage.
Es preciso que *se ataje*
quien con el indio pelé.
El miedo de verse a pie
aumentaba su coraje.

En la dentrada nomás
me largó un par de bolazos.
Uno me tocó en un brazo;
si me da bien, me lo quiebra,
pues las *bolas* son de piedra
y vienen como balazo.

A la primer puñalada
el *pampa* se hizo un ovillo:
era el salvaje más pillo
que he visto en mis correrías,
ya más de las picardías,
arisco para el cuchillo.

Las *bolas* las manejaba
aquel bruto con destreza,
las recogía con presteza
y me las volvía a largar,
haciéndomelas silvar
arriba de la cabeza.

Aquel indio, como todos,
era cauteloso… ¡*ay, juna!*,
ay me valió la fortuna
de que peliando *se apotra;*
me amenazaba con una
y me largaba con otra.

Me sucedió una desgracia
en aquel percance amargo;
en momentos que lo cargo
y que él reculando va,
me enredé en el *chiripá*
y cai tirao largo a largo.

Ni pa encomendarme a Dios
tiempo el salvage me dio;
cuanto en el suelo me vio
me saltó con ligereza;
juntito de la cabeza
el bolazo retumbó.

Ni por respeto al cuchillo
dejó el indio de apretarme.
Allí pretende ultimarme
sin dejarme levantar,
y no me daba lugar
ni siquiera a enderezarme.

De valde quiero moverme:
aquel indio no me suelta.
Como persona resuelta,
toda mi juerza ejecuto;
pero abajo de aquel bruto
no podía ni darme güelta.

* * *

¡Bendito, Dios poderoso,
quién te puede comprender!
Cuando a una débil muger
le diste en esa ocasión
la juerza que en un varón
tal vez no pudiera haber.

Esa infeliz tan llorosa,
viendo el peligro se anima.
Como una flecha se arrima
y, olvidando su aflición,
le pegó al indio un tirón
que me lo sacó de encima.

Ausilio tan generoso
me libertó del apuro.
Si no es ella, de siguro,
que el indio me sacrifica.
Y mi valor se duplica
con un ejemplo tan puro.

En cuanto me enderecé,
nos volvimos a topar.
No se podía descansar
y me chorriaba el sudor.
En un apuro mayor
jamás me he vuelto a encontrar.

Tampoco yo le *daba alce*,
como deben suponer.
Se había aumentao mi quehacer
para impedir que el brutazo
le pegara algún bolazo,
de rabia, a aquella muger.

La bola en manos del indio
es terrible y muy ligera;
hace de ella lo que quiera,
saltando como una cabra,
mudos, sin decir palabra,
peliábamos como fieras.

Aquel duelo en el desierto,
nunca jamás se me olvida.
Iba jugando la vida
con tan terrible enemigo,
teniendo allí de testigo
a una muger afligida.

Cuanto él más se enfurecía,
yo más me empiezo a calmar.
Mientras no logra matar
el indio no se desfoga.
Al fin le corté una *soga*
y lo empecé aventajar.

Me hizo sonar las costillas
de un bolazo aquel maldito,
y al tiempo que le di un grito
y le dentro como bala,
pisa el indio y se *refala*
en el cuerpo del chiquito.

Para explicar el misterio
es muy escasa mi cencia:
lo castigó, en mi concencia,
Su Divina Magestá.
Donde no hay casualidá
suele estar la Providencia.

En cuanto *trastabilló*,
más de firme lo cargué,
y aunque de nuevo hizo pie,
lo perdió aquella pisada,
pues en esa atropellada
en dos partes lo corté.

Al sentirse lastimao
se puso medio afligido;
pero era indio decidido,
su valor no se quebranta;
le salían de la garganta
como una especie de aullidos.

Lastimao en la cabeza,
la sangre lo enceguecía;
de otra herida le salía,
haciendo un charco ande estaba;
con los pies la *chapaliaba*
sin aflojar todavía.

Tres figuras imponentes
formábamos aquel terno:
ella, en su dolor materno;
yo, con la lengua dejuera;
y el salvaje, como fiera
disparada del infierno.

Iba conociendo el indio
que tocaban a degüello.
Se le erizaba el cabello
y los ojos revolvía;
los labios se le perdían
cuando iba a tomar resuello.

En una nueva dentrada
le pegué un golpe sentido,
y al verse ya mal herido,
aquel indio furibundo
lanzó un terrible alarido,
que retumbó como un ruido
si se sacudiera el mundo.

Al fin de tanto lidiar,
en el cuchillo lo alcé:
en peso lo levanté
aquel hijo del desierto;
ensartado lo llevé,
y allá recién lo largué
cuando ya lo sentí muerto.

Me persiné dando gracias
de haber salvado la vida.
Aquella pobre afligida,
de rodillas en el suelo,
alzó sus ojos al cielo
sollozando dolorida.

Me hinqué también a su lado
a dar gracias a mi santo.
En su dolor y quebranto,
ella, a la Madre de Dios,
le pide en su triste llanto
que nos ampare a los dos.

Se alzó con pausa de leona
cuando acabó de implorar,
y sin dejar de llorar
envolvió en unos trapitos
los pedazos de su hijito,
que yo le ayudé a juntar.

X

Dende ese punto era juerza
abandonar el desierto,
pues me hubieran descubierto;
y aunque lo maté en pelea
de fijo que me lancean
por vengar al indio muerto.

A la aflijida cautiva
mi caballo le ofrecí,
era un *pingo* que alquirí,
y dondequiera que estaba,
en cuanto yo lo silvaba
venía a refregarse en mí.

Yo me le senté al del *pampa;*
era un *escuro tapao.*
Cuando me hallo bien montao,
de mis casillas me salgo;
y era un *pingo* como galgo,
que sabía correr boliao.

Para correr en el campo
no hallaba ningún tropiezo.
Los egercitan en eso,
y los ponen *como luz,*
de dentrarle a un avestruz
y boliar bajo el pescuezo.

El *pampa* educa al caballo
como para un *entrevero.*
Como rayo es de ligero
en cuanto el indio lo toca;
y, como trompo, en la boca
da güeltas sobre de un cuero.

Lo *barea* en la madrugada;
jamás falta a este deber.
Luego lo enseña a correr
entre fangos y *guadales.*
¡Ansina, esos animales
es cuanto se puede ver!

En el caballo de un *pampa*
no hay peligro de rodar,
¡jue, *pucha!,* y pa disparar
es *pingo* que no se cansa.
Con proligidá lo amansa
sin dejarlo corcobiar.

Pa quitarle las cosquillas
con cuidao lo manosea;
horas enteras emplea,
y por fin sólo lo deja
cuando agacha las orejas
y ya el *potro* ni cocea.

Jamás le sacude un golpe,
porque lo trata al *bagual*
con pacencia sin igual;
al domarlo no le pega,
hasta que al fin se le entrega
ya dócil el animal.

Y aunque yo sobre los *bastos*
me sé sacudir el polvo,
a esa costumbre me amoldo;
con pacencia lo manejan
y al día siguiente lo dejan
rienda arriba junto al *toldo*.

Ansí, todo el que procure
tener un *pingo* modelo,
lo ha de cuidar con desvelo,
y debe impedir también
el que de golpes le den
o tironén en el suelo.

Muchos quieren dominarlo
con el rigor y el azote,
y si ven al *chafalote*
que tiene trazas de malo,
lo *embraman* en algún palo
hasta que se descogote.

Todos se vuelven pretestos
y güeltas para ensillarlo.
Dicen que es por quebrantarlo,
mas compriende cualquier bobo
que es el miedo del corcobo
y no quieren confesarlo.

El animal yeguarizo
(perdónenme esta alvertencia)
es de mucha conocencia
y tiene mucho sentido;
es animal consentido:
lo cautiva la pacencia.

Aventaja a los demás
el que estas cosas entienda.
Es bueno que el hombre aprienda,
pues hay pocos domadores
y muchos *frangoyadores*
que andan de bozal y rienda.

* * *

Me vine, como les digo,
trayendo esa compañera.
Marchamos la noche entera,
haciendo nuestro camino
sin más rumbo que el destino,
que nos llevara ande quiera.

Al muerto, en un *pajonal*,
había tratao de enterrarlo,
y, después de maniobrarlo,
lo tapé bien con las pajas,
para llevar de ventaja
lo que emplearan en hallarlo.

En notando nuestra ausiencia
nos habían de perseguir,
y al decidirme a venir,
con todo mi corazón
hice la resolución
de peliar hasta morir.

Es un peligro muy serio
cruzar juyendo el desierto.
Muchísimos de hambre han muerto,
pues en tal desasosiego
no se puede ni hacer fuego
para no ser descubierto.

Sólo el albitrio del hombre
puede ayudarlo a salvar;
no hay auxilio que esperar,
sólo de Dios hay amparo.
En el desierto es muy raro
que uno se pueda escapar.

¡Todo es cielo y horizonte
en inmenso campo verde!
¡Pobre de aquel que se pierde
o que su rumbo estravea!
Si alguien cruzarlo desea
este consejo recuerde:

Marque su rumbo de día
con toda fidelidá,
marche con puntualidá,
siguiéndolo con fijeza,
y, si duerme, la cabeza
ponga para el lao que va.

Oserve con todo esmero
adonde el sol aparece;
si hay ñeblina y le entorpece
y no lo puede oservar,
guárdese de caminar,
pues quien se pierde perece.

Dios les dio istintos sutiles
a toditos los mortales.
El hombre es uno de tales,
y en las llanuras aquellas
lo guían el sol, las estrellas,
el viento y los animales.

Para ocultarnos de día
a la vista del salvage,
ganábamos un parage
en que algún abrigo hubiera,
a esperar que anocheciera
para seguir nuestro viaje.

Penurias de toda clase
y miserias padecimos:
varias veces no comimos
o comimos carne cruda;
y en otras, no tengan duda,
con reices nos mantubimos.

Despuéss de mucho sufrir
tan peligrosa inquietú,
alcanzamos con salú
a divisar una sierra,
y al fin pisamos la tierra
en donde crece el *ombú*.

Nueva pena sintió el pecho
por Cruz, en aquel parage,
y en humilde vasallage
a la Magestá infinita
besé esta tierra bendita
que ya no pisa el salvage.

Al fin la misericordia
de Dios nos quiso amparar.
Es preciso soportar
los trabajos con costancia,
alcanzamos una *estancia*
después de tanto penar.

Ay mesmo me despedí
de mi infeliz compañera.
—«Me voy —le dije— ande quiera,
aunque me agarre el Gobierno,
pues, infierno por infierno,
prefiero el de la frontera.»

Concluyo esta relación,
ya no puedo continuar.
Permítanme descansar:
están mis hijos presentes,
y yo ansioso por que cuenten
lo que tengan que contar.

XI

Y mientras que tomo un trago
pa refrescar el garguero,
y mientras tiempla el muchacho
y prepara su estrumento,
les contaré de qué modo
tuvo lugar el encuentro:

me acerqué a algunas *estancias*
por saber algo de cierto,
creyendo que en tantos años
esto se hubiera compuesto;
pero cuanto saqué en limpio
fue que estábamos lo mesmo.
Ansí me dejaba andar
haciéndome el *chancho rengo*,
porque no me convenía
revolver el avispero;
pues no inorarán ustedes
que en cuentas con el Gobierno
tarde o temprano lo llaman
al pobre a hacer el arreglo.
Pero al fin tuve la suerte
de hallar un amigo viejo,
que de todo me informó,
y por él supe al momento
que el juez que me perseguía
hacía tiempo que era muerto;
por culpa suya he pasado
diez años de sufrimiento,
y no son pocos diez años
para quien ya llega a viejo.
Y los he pasado ansí;
si en mi cuenta no me yerro:
tres años en la frontera,
dos como gaucho *matrero*,
y cinco allá entre los indios
hacen los diez que yo cuento.
Me dijo, a más, ese amigo
qué andubiera sin recelo,
que todo estaba tranquilo,
que no perseguía el Gobierno,

que ya naides se acordaba
de la muerte del moreno,
aunque si yo lo maté
mucha culpa tuvo el negro.
Estube un poco imprudente,
puede ser, yo lo confieso,
pero él me precipitó
porque me cortó primero;
y a más, me cortó en la cara,
que es un asunto muy serio.
Me asiguró el mesmo amigo
que ya no había ni el recuerdo
de aquél que en la *pulpería*
lo dejé mostrando el sebo.
Él, de engreído, me buscó,
yo ninguna culpa tengo;
él mesmo vino a peliarme,
y tal vez me hubiera muerto
si le tengo más confianza
o soy un poco más lerdo.
Fue suya toda la culpa,
porque ocasionó el suceso.
Que ya no hablaban tampoco,
me lo dijo muy de cierto,
de cuando con la partida
llegué a tener el encuentro.
Esa vez me defendí
como estaba en mi derecho,
porque fueron a prenderme
de noche y en campo abierto.
Se me acercaron con armas,
y sin darme voz de preso.
Me amenazaron a gritos
de un modo que daba miedo;

que iban a arreglar mis cuentas,
tratándome de *matrero,*
y no era el gefe el que hablaba,
sino un cualquiera de entre ellos.
Y ése, me parece a mí,
no es modo de hacer arreglos,
ni con el que es inocente,
ni con el culpable menos.
Con semejantes noticias
yo me puse muy contento
y me presenté ande quiera
como otros pueden hacerlo.
De mis hijos he encontrado
sólo a dos hasta el momento;
y de ese encuentro feliz
le doy las gracias al cielo.
A todos cuantos hablaba
les preguntaba por ellos,
mas no me daba ninguno
razón de su paradero.
Casualmente el otro día
llegó a mi conocimiento,
de una carrera muy grande
entre varios estancieros;
y fui como uno de tantos
aunque no llevaba un *medio.*
No faltaba, ya se entiende,
en aquel gauchage inmenso
muchos que ya conocían
la historia de Martín Fierro;
y allí estaban los muchachos
cuidando unos *paregeros.*
Cuando me oyeron nombrar
se vinieron al momento

diciéndome quiénes eran,
aunque no me conocieron,
porque venía muy *aindiao*
y me encontraban muy viejo.
La junción de los abrazos,
de los llantos y los besos
se deja pa las mugeres,
como que entienden el juego.
Pero el hombre que compriende
que todos hacen lo mesmo
en público canta y baila,
abraza y llora en secreto.
Lo único que me han contao
es que mi muger ha muerto.
Que en procuras de un muchacho
se fue la infeliz al pueblo,
donde infinitas miserias
habrá sufrido por cierto.
Que por fin a un hospital
fue a parar medio muriendo,
y en ese abismo de males
falleció al muy poco tiempo.
Les juro que de esa pérdida
jamás he de hallar consuelo:
muchas lágrimas me cuesta
dende que supe el suceso.
Mas dejemos cosas tristes,
aunque alegrías no tengo;
me parece que el muchacho
ha templao y está dispuesto.
Vamos a ver qué tal lo hace,
y juzgar su desempeño.
Ustedes no los conocen,
yo tengo confianza en ellos,

no porque lleven mi sangre
—eso fuera lo de menos—
sino porque dende chicos
han vivido padeciendo.
Los dos son aficionados,
les gusta jugar con fuego;
vamos a verlos correr:
son cojos... hijos de *rengo*.

XII

EL HIJO MAYOR
DE MARTÍN FIERRO

LA PENITENCIARIA

Aunque el gajo se parece
al árbol de donde sale,
solía decirlo mi madre
y en su razón estoy fijo:
«Jamás puede hablar el hijo
con la autoridá del padre.»

Recordarán que quedamos
sin tener dónde abrigarnos,
ni *ramada* ande ganarnos,
ni rincón donde meternos,
ni camisa que ponernos,
ni *poncho* con que taparnos.

Dichoso aquél que no sabe
lo que es vivir sin amparo;
yo con verdá les declaro,
aunque es por demás sabido
dende chiquito he vivido
en el mayor desamparo.

No le merman el rigor
los mesmos que lo socorren,
tal vez porque no se borren
los decretos del destino,
de todas partes lo corren
como ternero dañino.

Y vive como los vichos,
buscando alguna rendija.
El güérfano es sabandija
que no encuentra compasión,
y el que anda sin dirección
es guitarra sin clavija.

Sentiré que cuanto digo
a algún oyente le cuadre.
Ni casa tenía, ni madre,
ni parentela, ni hermanos;
y todos limpian sus manos
en el que vive sin padre.

Lo cruza éste de un lazazo,
lo *abomba* aquél de un moquete,
otro le busca el cachete,
y entre tanto soportar
suele a veces no encontrar
ni quien le arroje un soquete.

Si lo recogen lo tratan
con la mayor rigidez;
piensan que es mucho tal vez,
cuando ya muestra el pellejo,
si le dan un trapo viejo
pa cubrir su desnudez.

Me crié, pues, como les digo,
desnudo a veces y hambriento,
me ganaba mi sustento
y ansí los años pasaban.
Al ser hombre me esperaban
otra clase de tormentos.

Pido a todos que no olviden
lo que les voy a decir:
en la escuela del sufrir
he tomado mis leciones,
y hecho muchas refleciones
dende que empecé a vivir

Si alguna falta cometo
la motiva mi inorancia,
no vengo con arrogancia,
y les diré en conclusión
que trabajando de pión
me encontraba en una *estancia*.

El que manda siempre puede
hacerle al pobre un calvario.
A un vecino propietario
un boyero le mataron,
y aunque a mí me lo *achacaron*,
salió cierto en el sumario.

Piensen los hombres honrados
en la vergüenza y la pena
de que tendría la alma llena
al verme ya tan temprano
igual a los que sus manos
con el crimen envenenan.

Declararon otros dos
sobre el caso del dijunto;
mas no se aclaró el asunto,
y el juez, por darlas de listo:
—«Amarrados como un Cristo
—nos dijo— irán todos juntos.

»A la justicia ordinaria
voy a mandar a los tres.»
Tenía razón aquel juez
y cuantos ansí amenacen;
ordinaria… es como la hacen,
lo he conocido después.

Nos remitió, como digo,
a esa justicia ordinaria,
y fuimos con la sumaria
a esa cárcel de *malevos*
que por un bautismo nuevo
le llaman Penitenciaria.

El porqué tiene ese nombre
naides me lo dijo a mí,
mas yo me lo esplico ansí:
le dirán Penitenciaria
por la penitencia diaria
que se sufre estando allí.

Criollo que cai en desgracia
tiene que sufrir no poco;
naides lo ampara tampoco
si no cuenta con recursos.
El *gringo* es de más discurso:
cuando mata, se hace el loco.

No sé el tiempo que corrió
en aquella sepoltura.
Si de ajuera no lo apuran,
el asunto va con pausa:
tienen la presa sigura
y dejan dormir la causa.

Inora el preso a qué lado
se inclinará la balanza;
pero es tanta la tardanza,
que yo les digo por mí:
el hombre que dentre allí
deje ajuera la esperanza.

Sin perfecionar las leyes
perfecionan el rigor.
Sospecho que el inventor
habrá sido algún maldito:
por grande que sea un delito
aquella pena es mayor.

Eso es para quebrantar
el corazón más altivo.
Los llaveros son pasivos,
pero más secos y duros
tal vez que los mesmos muros
en que uno gime cautivo.

No es en grillos ni en cadenas
en lo que usté penará,
sino en una soledá
y un silencio tan projundo
que parece que en el mundo
es el único que está.

El más altivo varón
y de cormillo gastao
allí se vería agobiao
y su corazón marchito
al encontrarse encerrao
a solas con su delito.

En esa cárcel no hay toros,
allí todos son corderos;
no puede el más altanero,
al verse entre aquellas rejas,
sino *amujar* las orejas
y sufrir callao su encierro.

Y digo a cuantos inoran
el rigor de aquellas penas,
yo que sufrí las cadenas
del destino y su inclemencia:
que provechen la esperencia
del mal en cabeza agena.

¡Ay, madres, las que dirigen
al hijo de sus entrañas!
No piensen que las engaña
ni que les habla un falsario;
lo que es el ser presidiario
no lo sabe la campaña.

Hijas, esposas, hermanas,
cuantas quieren a un varón
díganles que esa prisión
es un infierno temido,
donde no se oye más ruido
que el latir del corazón.

Allá el día no tiene sol,
la noche no tiene estrellas,
sin que le valgan querellas
encerrao lo purifican;
y sus lágrimas salpican
en las paredes aquellas.

En soledá tan terrible
de su pecho oye el latido.
Lo sé porque lo he sufrido,
y créamelo el aulitorio:
tal vez en el purgatorio
las almas hagan más ruido.

Cuenta esas horas eternas
para más atormentarse;
su lágrima al redamarse
calcula en sus afliciones,
contando sus pulsaciones
lo que dilata en secarse.

Allí se amansa el más bravo,
allí se duebla el más juerte;
el silensio es de tal suerte
que, cuando llegue a venir,
hasta se le han de sentir
las pisadas a la muerte.

Adentro mesmo del hombre
se hace una revolución:
metido en esa prisión,
de tanto no mirar nada,
le nace y queda grabada
la idea de la perfeción.

En mi madre, en mis hermanos,
en todo pensaba yo.
Al hombre que allí dentró
de memoria más ingrata,
fielmente se le retrata
todo cuanto ajuera vio.

Aquél que ha vivido libre
de cruzar por donde quiera
se aflige y se desespera
de encontrarse allí cautivo.
Es un tormento muy vivo
que abate la alma más fiera.

En esa estrecha prisión,
sin poderme conformar,
no cesaba de esclamar:
¡Qué diera yo por tener
un caballo en que montar
y una *pampa* en que correr!

En un lamento constante
se encuentra siempre *embreteao*.
El castigo han inventao
de encerrarlo en las tinieblas,
y allí está como amarrao
a un fierro que no se duebla.

No hay un pensamiento triste
que al preso no lo atormente.
Bajo un dolor permanente,
agacha al fin la cabeza,
porque siempre es la tristeza
hermana de un mal presente.

Vierten lágrimas sus ojos,
pero su pena no alivia
en esa constante lidia
sin un momento de calma,
contempla con los del alma
felicidades que envidia.

Ningún consuelo penetra
detrás de aquellas murallas.
El varón de más agallas,
aunque más duro que un perno,
metido en aquel infierno
sufre, gime, llora y calla.

De furor el corazón
se le quiere reventar:
pero no hay sino aguantar,
aunque sosiego no alcance.
¡Dichoso en tan duro trance
aquél que sabe rezar!

¡Dirige a Dios su plegaria
el que sabe una oración!
En esa tribulación
gime olvidado del mundo,
y el dolor es más projundo
cuando no halla compasión.

En tan crueles pesadumbres,
en tan duro padecer,
empezaba a encanecer
después de muy pocos meses.
Allí lamenté mil veces
no haber aprendido a ler.

* * *

Viene primero el furor,
después la melancolía.
En mi angustia no tenía
otro alivio ni consuelo,
sino regar aquel suelo
con lágrimas noche y día.

El *mate* no se permite,
no le permiten hablar.
No le permiten cantar
para aliviar su dolor,
y hasta el terrible rigor
de no dejarlo fumar.

A visitar otros presos
sus familias solían ir.
Naides me visitó a mí
mientras estube encerrado:
¡quién iba a *costiarse* allí
a ver a un desamparado!

La justicia muy severa
suele rayar en crueldá.
Sufre el pobre que allí está
calenturas y delirios,
pues no esiste pior martirio
que esa eterna soledá.

¡Bendito sea el carcelero
que tiene buen corazón!
Yo sé que esta bendición
pocos pueden alcanzarla,
pues si tienen compasión
su deber es ocultarla.

Conversamos con las rejas
por sólo el gusto de hablar,
pero nos mandan callar
y es preciso conformarnos,
pues no se debe irritar
a quien puede castigarnos.

Jamás mi lengua podrá
espresar cuánto he sufrido:
en ese encierro metido,
llaves, paredes, cerrojos
se graban tanto en los ojos
que uno los ve hasta dormido.

Sin poder decir palabra
sufre en silencio sus males,
y uno en condiciones tales
se convierte en animal,
privao del don principal
que Dios hizo a los mortales.

Yo no alcanzo a comprender
por qué motivo será
que el preso privado está
de los dones más preciosos
que el justo Dios bondadoso
otorgó a la humanidá.

Pues que de todos los bienes
(en mi inorancia lo infiero)
que le dio al hombre altanero
Su Divina Magestá,
la palabra es el primero,
el segundo es la amistá.

Y es muy severa la ley
que por un crimen o un vicio
somete al hombre a un suplicio,
el más tremendo y atroz,
privado de un beneficio
que ha recebido de Dios.

La soledá causa espanto,
el silencio causa horror;
ese continuo terror
es el tormento más duro,
y en un presidio siguro
está de más tal rigor.

Inora uno si de allí
saldrá pa la sepoltura.
El que se halla en desventura
busca a su lado otro ser.
Pues siempre es bueno tener
compañeros de amargura.

Otro más sabio podrá
encontrar razón mejor;
yo no soy rebuscador,
y ésta me sirve de luz:
se los dieron al Señor
al clavarlo en una cruz.

Y en las projundas tinieblas
en que mi razón esiste,
mi corazón se resiste
a ese tormento sin nombre,
pues el hombre alegra al hombre
y al hablar consuela al triste.

* * *

Grábenlo como en la piedra
cuanto he dicho en este canto;
y aunque yo he sufrido tanto,
debo confesarlo aquí:
el hombre que manda allí
es poco menos que un santo.

Y son buenos los demás,
a su ejemplo se manejan;
pero por eso no dejan
las cosas de ser tremendas.
Piensen todos y compriendan
el sentido de mis quejas.

Y guarden en su memoria
con toda puntualidá
lo que con tal claridá
les acabo de decir.
Mucho tendrán que sufrir
si no creen en mi verdá.

Y si atienden mis palabras
no habrá calabozos llenos.
No olviden esto jamás:
manéjense como buenos;
aquí no hay razón de más,
más bien las puse de menos.

Y con esto me despido.
Todos han de perdonar,
ninguno debe olvidar
la historia de un desgraciado.
Quien ha vivido encerrado
poco tiene que contar.

XIII

EL HIJO SEGUNDO
DE MARTÍN FIERRO

Lo que les voy a decir
ninguno lo ponga en duda,
y, aunque la cosa es *peluda*,
haré la resolución;
es ladino el corazón,
pero la lengua no ayuda.

El rigor de las desdichas
hemos soportao diez años,
pelegrinando entre estraños,
sin tener donde vivir,
y obligando a sufrir
una *máquina* de daños.

El que vive de ese modo
de todos es tributario.
Falta el cabeza primario,
y los hijos que él sustenta
se dispersan como cuentas
cuando se corta el rosario.

Yo andube ansí como todos,
hasta que al fin de sus días
supo mi suerte una tía
y me recogió a su lado.
Allí viví sosegado
y de nada carecía.

No tenía cuidado alguno,
ni que trabajar tampoco;
y como muchacho loco
lo pasaba de holgazán.
Con razón dice el refrán
que lo bueno dura poco.

En mí todo su cuidado
y su cariño ponía.
Como a un hijo me quería
con cariño verdadero;
y me nombró de heredero
de los bienes que tenía.

El juez vino sin tardanza
cuanto falleció la vieja.
—«De los bienes que te deja
—me dijo— yo he de cuidar.
Es un *rodeo* regular
y dos majadas de ovejas.»

Era hombre de mucha labia,
con más leyes que un dotor.
Me dijo: —«Vos sos menor
y por los años que tienes
no podés manejar bienes.
Voy a nombrarte un tutor.»

Tomó un recuento de todo
porque entendía su papel
y, despúes que aquel *pastel*
lo tuvo bien amasao,
puso al frente un encargao
y a mí me llevó con él.

Muy pronto estuvo mi *poncho*
lo mesmo que cernidor;
el *chiripá* estaba pior,
y aunque para el frío soy *guapo*
ya no me quedaba un trapo
ni pa el frío ni pa el calor.

En tan triste desabrigo,
tras de un mes iba otro mes.
Guardaba silencio el juez,
la miseria me invadía.
Me acordaba de mi tía
al verme en tal desnudes.

No sé decir con fijeza
el tiempo que pasé allí;
y después de andar ansí,
como moro sin señor,
pasé a poder del tutor
que debía cuidar de mí.

XIV

Me llevó consigo un viejo
que pronto *mostró la hilacha:*
dejaba ver por la facha
que era medio *cimarrón,*
muy renegao, muy ladrón,
y le llamaban Viscacha.

Lo que el juez iba buscando
sospecho y no me equivoco;
pero este punto no toco
ni su secreto averiguo.
Mi tutor era un antiguo
de los que ya quedan pocos.

Viejo lleno de *camándulas,*
con un empaque a lo toro;
andaba siempre en un moro
metido en no sé qué enriedos;
con las patas como loro,
de estribar entre los dedos.

Andaba rodiao de perros,
que eran todo su placer;
jamás dejó de tener
menos de media docena;
mataba vacas ajenas
para darles de comer.

Carniábamos noche a noche
alguna res en el *pago;*
y dejando allí el resago,
alzaba en ancas el cuero,
que se lo vendía a un *pulpero*
por *yerba,* tabaco y trago.

¡Ah, viejo! Más comerciante
en mi vida lo he encontrao.
Con ese cuero robao
él arreglaba el *pastel,*
y allí entre el *pulpero* y él
se estendía el *certificao.*

La echaba de comedido;
en las trasquilas lo viera.
Se ponía como una fiera
si cortaban una oveja;
pero de alzarse no deja
un vellón o unas tijeras.

Una vez me dio una soba
que me hizo pedir socorro,
porque lastimé un cachorro
en el rancho de unas vascas,
y al irse se alzó unas *guascas.*
Para eso era como zorro.

¡Ay, juna!, dije entre mí;
me has dao esta pesadumbre:
ya verás cuanto vislumbre
una ocasión media güena:
te he de quitar la costumbre
de *cerdiar* yeguas ajenas.

Porque maté una viscacha
otra vez me reprendió.
Se lo vine a contar yo,
y no bien se lo hube dicho:
—«Ni me nuembres ese vicho»
—me dijo, y se me enojó.

Al verlo tan irritao
hallé prudente callar.
Éste me va a castigar,
dije entre mí, si se agravia.
Ya vi que les tenía rabia,
y no las volví a nombrar.

Una tarde halló una punta
de yeguas medio bichocas;
después que voltió unas pocas
las *cerdiaba* con empeño.
Yo vide venir al dueño,
pero me callé la boca.

El hombre venía jurioso
y nos cayó como un rayo;
se descolgó del caballo
revoliando el arriador,
y lo cruzó de un lazaso
ay no más a mi tutor.

No atinaba don Viscacha
a qué lado disparar,
hasta que logró montar,
y de miedo del *chicote*,
se lo apretó hasta el cogote,
sin pararse a contestar.

Ustedes crerán tal vez
que el viejo se curaría:
no, señores, lo que hacía,
con más cuidao dende entonces,
era maniarlas de día
para *cerdiar* a la noche.

Ése fue el hombre que estubo
encargao de mi destino.
Siempre andubo en mal camino,
y todo aquel vecinario
decía que era un perdulario,
insufrible de dañino.

Cuando el juez me lo nombró
al dármelo de tutor,
me dijo que era un señor
el que me debía cuidar,
enseñarme a trabajar
y darme la educación.

Pero qué había de aprender
al lao de ese viejo *paco*,
que vivía como el *chuncaco*
en los bañaos, como el *tero*;
un haragán, un ratero,
y más chillón que un *barraco*.

Tampoco tenía más bienes
ni propiedá conocida
que una carreta podrida
y las paredes sin techo
de un rancho medio desecho
que le servía de guarida.

Después de las trasnochadas
allí venía a descansar.
Yo desiaba aviriguar
lo que tubiera escondido,
pero nunca había podido
pues no me dejaba entrar.

Yo tenía unas *gergas* viejas,
que habían sido más peludas;
y con mis carnes desnudas,
el viejo, que era una fiera,
me echaba a dormir ajuera
con unas heladas crudas.

Cuando mozo fue casao,
aunque yo lo desconfío;
y decía un amigo mío
que, de arrebatao y malo,
mató a su muger de un palo
porque le dio un *mate frío*.

Y viudo por tal motivo
nunca se volvió a casar.
No era fácil encontrar
ninguna que lo quisiera:
todas temerían llevar
la suerte de la primera.

Soñaba siempre con ella,
sin duda por su delito,
y decía el viejo maldito,
el tiempo que estubo enfermo,
que ella dende el mesmo infierno
lo estaba llamando a gritos.

XV

Siempre andaba *retobao,*
con ninguno solía hablar;
se divertía en escarbar
y hacer marcas con el dedo;
y cuanto se ponía en *pedo*
me empezaba aconsejar.

Me parece que lo veo
con su *poncho calamaco.*
Después de echar un buen *taco*
ansí principiaba a hablar:
—«Jamás llegués a parar
a donde veas perros flacos.

»El primer cuidao del hombre
es defender el pellejo.
Lleváte de mi consejo,
fijáte bien en lo que hablo:
el diablo sabe por diablo,
pero más sabe por viejo.

»Hacéte amigo del juez,
no le des de qué quejarse;
y cuando quiera enojarse
vos te debés encojer,
pues siempre es güeno tener
palenque ande ir a rascarse.

»Nunca le llevés la contra,
porque él manda la *gavilla.*
Allí sentao en su silla
ningún güey le sale bravo;
a uno le da con el *clavo*
y a otro con la *cantramilla.*

»El hombre, hasta el más soberbio,
con más espinas que un *tala,*
aflueja andando en la mala
y es blando como manteca:
hasta la *hacienda baguala*
cai al *jagüel* con la *seca.*

»No andés cambiando de cueva,
hacé las que hace el ratón:
conserváte en el rincón
en que empesó tu esistencia:
vaca que cambia querencia
se atrasa en la parición.»

Y *menudiando* los tragos
aquel viejo como cerro:
«No olvidés —me decía— Fierro,
que el hombre no debe crer
en lágrimas de mujer
ni en la *renguera* del perro.

»No te debés afligir
aunque el mundo se desplome.
Lo que más precisa el hombre
tener, según yo discurro,
es la memoria del burro
que nunca olvida ande come.

»Dejá que caliente el horno
el dueño del amasijo.
Lo que es yo nunca me aflijo
y a todito me hago el sordo:
el cerdo vive tan gordo
y se come hasta los hijos.

»El zorro que ya es corrido,
dende lejos la olfatea.
No se apure quien desea
hacer lo que le aproveche:
la vaca que más rumea
es la que da mejor leche.

»El que gana su comida
bueno es que en silencio coma.
Ansina vos ni por broma
querrás llamar la atención:
nunca escapa el *cimarrón*
si dispara por la loma.

»Yo voy donde me conviene
y jamás me descarrío.
Llevate el ejemplo mío,
y llenarás la barriga.
Aprendé de las hormigas:
no van a un *noque* vacío.

»A naides tengás envidia:
es muy triste el envidiar.
Cuando veas a otro ganar,
a estorbarlo no te metas:
cada lechón en su teta
es el modo de mamar.

»Ansí se alimentan muchos
mientras los pobres lo pagan.
Como el cordero hay quien lo haga;
en la puntita, no niego;
pero otros, como el borrego,
toda entera se la tragan.

»Si buscás vivir tranquilo
dedicáte a solteriar;
mas si te querés casar,
con esta alvertencia sea:
que es muy difícil guardar
prendas que otros codicean.

»Es un vicho la mujer
que yo aquí no lo destapo:
siempre quiere al hombre *guapo*,
mas fijáte en la elección,
porque tiene el corazón
como barriga de sapo.»

Y gangoso con la *tranca*,
me solía decir: —«Potrillo,
recién te apunta el cormillo,
mas te lo dice un *toruno*:
no dejés que hombre ninguno
te gane el lao del cuchillo.»

»Las armas son necesarias,
pero naides sabe cuándo;
ansina, si andás pasiando,
y de noche sobre todo,
debés llevarlo de modo
que al salir salga cortando.

»Los que no saben guardar
son pobres aunque trabajen;
nunca, por más que *se atajen*,
se librarán del *cimbrón;*
al que nace barrigón
es *al ñudo* que lo fajen.

»Donde los vientos me llevan,
allí estoy como en mi centro.
Cuando una tristeza encuentro
tomo un trago pa alegrarme:
a mí me gusta mojarme
por ajuera y por adentro.

»Vos sos pollo, y te convienen
toditas estas razones:
mis consejos y leciones
no echés nunca en el olvido:
en las riñas he aprendido
a no peliar sin *puyones*».

Con estos consejos y otros
que yo en mi memoria encierro,
y que aquí no desentierro,
educándome seguía,
hasta que al fin se dormía
mesturao entre los perros.

XVI

Cuando el viejo cayó enfermo,
viendo yo que se empioraba
y que esperanza no daba
de mejorarse siquiera,
le truje una culandrera
a ver si lo mejoraba.

En cuanto lo vio me dijo:
—«Este no aguanta el sogazo;
muy poco le doy de plazo;
nos va a dar un espetáculo,
porque debajo del brazo
le ha salido un tabernáculo.»

Dice el refrán que en la *tropa*
nunca falta un *güey corneta;*
uno que estaba en la puerta
le pegó el grito ay no más:
—«Tabernáculo… ¡qué bruto!,
un tubérculo, dirás.»

Al verse ansí interrumpido,
al punto dijo el cantor:
—«No me parece ocasión
de meterse los de ajuera.
Tabernáculo, señor,
le decía la culandrera.»

El de ajuera repitió,
dándole otro *chaguarazo:*
—«Allá va un nuevo *bolazo:*
copo y se lo gano en puerta:
a las mujeres que curan
se les llama curanderas.»

No es bueno, dijo el cantor,
muchas manos en un plato,
y diré al que ese *barato*
ha tomao de entremetido,
que no creia haber venido
a hablar entre liberatos.

Y para seguir contando
la historia de mi tutor,
le pediré a ese dotor
que en mi inorancia me deje,
pues siempre encuentra el que teje
otro mejor tejedor.

Seguía enfermo, como digo,
cada vez más emperrao.
Yo estaba ya acobardao
y lo espiaba dende lejos:
era la boca del viejo
la boca de un condenao.

Allá pasamos los dos
noches terribles de invierno.
Él maldecía al Padre Eterno
como a los santos benditos,
pidiéndole al diablo a gritos
que lo llevara al infierno.

Debe ser grande la culpa
que a tal punto mortifica.
Cuando vía una reliquia
se ponía como azogado,
como si a un endemoniado
le echaran agua bendita.

Nunca me le puse a tiro,
pues era de mala entraña;
y viendo heregía tamaña
si alguna cosa le daba,
de lejos se la alcanzaba
en la punta de una caña.

Será mejor, decía ya,
que abandonado lo deje,
que blasfeme y que se queje,
y que siga de esta suerte,
hasta que venga la muerte
y cargue con este hereje.

Cuando ya no pudo hablar
le até en la mano un cencerro,
y al ver cercano su entierro,
arañando las paredes,
espiró allí entre los perros
y este servidor de ustedes.

XVII

Le cobré un miedo terrible
después que lo vi dijunto.
Llamé al alcalde y al punto
acompañado se vino
de tres o cuatro vecinos
a arreglar aquel asunto.

—«Ánima bendita —dijo
un viejo medio ladiao—;
que Dios lo haiga perdonao
es todo cuanto deseo.
Le conocí un pastoreo
de terneritos robaos.»

—«Ansina es —dijo el alcalde—.
Con eso empezó a poblar,
yo nunca podré olvidar
las travesuras que hizo;
hasta que al fin fue preciso
que le privasen *carniar.*

»De mozo fue muy ginete,
no lo bajaba un *bagual;*
pa ensillar un animal
sin necesitar de otro,
se encerraba en el corral
y allí galopiaba el *potro.*

»Se llevaba mal con todos;
era su costumbre vieja
el mesturar las ovejas,
pues al hacer el aparte
sacaba la mejor parte
y después venía con quejas.»

—«Dios lo ampare al pobresito
—dijo en seguida un tercero—.
Siempre robaba carneros,
en eso tenía destreza:
enterraba las cabezas,
y después vendía los cueros.»

»Y qué costumbre tenía:
cuando en el *jogón* estaba,
con el *mate* se agarraba
estando los piones juntos;
yo tayo, decía, y apunto,
y a ninguno convidaba.»

»Si *ensartaba* algún asao,
¡pobre!, ¡como si lo viese!,
poco antes de que estubiese,
primero lo maldecía,
luego después lo escupía
para que naides comiese.

»Quien le quitó esa costumbre
de escupir al asador
fue un mulato resertor
que andaba de amigo suyo.
Un diablo, muy peliador,
que le llamaban Barullo.

»Una noche que les hizo
como estaba acostumbrao,
se alzó el mulato enojao
y le gritó: "—Viejo indino,
yo te he de enseñar, cochino,
a echar saliva al asao."

»Lo saltó por sobre el juego
con el cuchillo en la mano.
¡*La pucha*, el pardo liviano!
En la mesma atropellada
le largó una puñalada
que la quitó otro *paisano*.

»Y ya caliente Barullo,
quiso seguir la chacota:
se le había erizao la mota
lo que empezó la reyerta.
El viejo ganó la puerta
y apeló a *las de gaviotas*.

»De esa costumbre maldita
desde entonces se curó;
a las casas no volvió,
se metió en un cicutal,
y allí escondido pasó
esa noche sin cenar.»

Esto hablaban los presentes;
y yo, que estaba a su lao,
al oír lo que he relatao,
aunque él era un perdulario,
dije entre mí: «Qué rosario
le están resando al finao.»

Luego comenzó el alcalde
a registrar cuanto había,
sacando mil chucherías
y *guascas* y trapos viejos,
temeridá de trebejos
que para nada servían.

Salieron lazos, cabrestos,
coyundas y *maniadores*,
una punta de arriadores,
cinchones, *maneas, torzales*,
una porción de bozales
y un montón de *tiradores*.

Había riendas de domar,
frenos y estribos quebraos,
bolas, espuelas, recaos,
unas *pavas*, unas ollas,
y un gran manojo de argollas
de cinchas que había cortao.

Salieron varios cencerros,
alesnas, *lonjas*, cuchillos,
unos cuantos *coginillos*,
un alto de *gergas* viejas,
muchas botas desparejas
y una infinidad de anillos.

Había tarros de sardinas,
unos cueros de venao,
unos *ponchos* augeriaos.
Y en tan tremendo *entrevero*
apareció hasta un tintero
que se perdió en el juzgao.

Decía el alcalde muy serio:
—«Es poco cuanto se diga;
había sido como hormiga.
He de darle parte al juez,
y que me venga después
con que no se los persiga.»

Yo estaba medio azorao
de ver lo que sucedía.
Entre ellos mesmos decían
que unas prendas eran suyas;
pero a mí me parecía
que ésas eran *aleluyas*.

Y cuando ya no tubieron
rincón donde registrar,
cansaos de tanto huroniar
y de trabajar de balde:
—«Vámosnos –dijo el alcalde–,
luego lo haré sepultar.»

Y aunque mi padre no era
el dueño de ese hormiguero,
él allí muy cariñero
me dijo con muy buen modo:
—«Vos serás el heredero
y te harás cargo de todo.

»Se ha de arreglar este asunto
como es preciso que sea:
voy a nombrar albacea
uno de los circunstantes.
Las cosas no son como antes,
tan enredadas y feas.»

"¡Bendito Dios!", pensé yo.
"Ando como un pordiosero,
y me nuembran heredero
de toditas estas *guascas*.
¡Quisiera saber primero
lo que se han hecho mis vacas!"

XVIII

Se largaron, como he dicho,
a disponer el entierro;
cuando me acuerdo, me aterro;
me puse a llorar a gritos
al verme allí tan solito
con el finao y los perros.

Me saqué el escapulario,
se lo colgué al pecador;
y como hay en el Señor
misericordia infinita,
rogué por la alma bendita
del que antes jue mi tutor.

No se calmaba mi duelo
de verme tan solitario.
Ay le champurrié un rosario
como si fuera mi padre,
besando el escapulario
que me había puesto mi madre.

—«Madre mía —gritaba yo—,
dónde andarás padeciendo.
El llanto que estoy virtiendo
lo redamarías por mí,
si vieras a tu hijo aquí
todo lo que está sufriendo.»

* * *

Y mientras ansí clamaba
sin poderme consolar,
los perros, para aumentar
más mi miedo y mi tormento,
en aquel mesmo momento
se pusieron a llorar.

Libre Dios a los presentes
de que sufran otro tanto;
con el muerto y esos llantos
les juro que falta poco
para que me vuelva loco
en medio de tanto espanto.

Decían entonces las viejas,
como que eran sabedoras,
que los perros cuando lloran
es porque ven al demonio;
yo creia en el testimonio
como cre siempre el que inora.

Ay dejé que los ratones
comieran el guasquerío;
y como anda a su albedrío
todo el que güérfano queda,
alzando lo que era mío
abandoné aquella cueva.

Supe después que esa tarde
vino un pión y lo enterró.
Ninguno lo acompañó
ni lo velaron siquiera;
y al otro día amaneció
con una mano dejuera.

Y me ha contado además
el gaucho que hizo el entierro
—al recordarlo me aterro,
me da pavor este asunto—
que la mano del dijunto
se la había comido un perro.

Tal vez yo tuve la culpa,
porque de asustao me fui.
Supe después que volví,
y, asigurárselos puedo,
que los vecinos, de miedo,
no pasaban por allí.

Hizo del rancho guarida
la sabandija más sucia.
El cuerpo se despeluza
y hasta la razón se altera;
pasaba la noche entera
chillando allí una lechuza.

Por mucho tiempo no pude
saber lo que me pasaba.
Los trapitos con que andaba
eran puras hojarascas,
todas las noches soñaba
con viejos, perros y *guascas*.

Me hice hombre de esa manera
bajo el más duro rigor.
Sufriendo tanto dolor
muchas cosas aprendí;
y por fin vítima fui
del más desdichado amor.

De tantas alternativas
ésta es la parte *peluda*.
Infeliz y sin ayuda
fue estremado mi delirio,
y causaban mi martirio
los desdenes de una viuda.

XIX

Andube a mi voluntá
como moro sin señor,
ése jue el tiempo mejor
que yo he pasado tal vez.
De miedo de otro tutor
ni *aporté* por lo del juez.

«Yo cuidaré –me habían dicho–
de lo de tu propiedá.
Todo se conservará,
el vacuno y los rebaños
hasta que cumplás treinta años,
en que seas mayor de edá».

Y aguardando que llegase
el tiempo que la ley fija,
pobre como lagartija,
y sin respetar a naides,
andube cruzando al aire
como bola sin *manija*.

Llora el hombre ingratitudes
sin tener un jundamento;
acusa sin miramiento
a la que el mal le ocasiona
y tal vez en su persona
no hay ningún merecimiento.

Cuando yo más padecía
la crueldá de mi destino,
rogando al poder divino
que del dolor me separe,
me hablaron de un adivino
que curaba esos pesares.

Tuve recelos y miedos,
pero al fin me disolví:
hice corage y me fui
donde el adivino estaba,
y por ver si me curaba,
cuanto llevaba le di.

Me puse al contar mis penas
más colorao que un tomate,
y se me añudó el gaznate
cuando dijo el ermitaño:
—«Hermano, le han hecho daño
y se lo han hecho en un mate.

Por verse libre de usté
lo habrán querido embrujar.»
Despúes me empezó a pasar
una pluma de avestruz
y me dijo: —«De la Cruz
recebí el don de curar.»

«Debes maldecir —me dijo—
a todos tus conocidos.
Ansina el que te ha ofendido
pronto estará descubierto.
Y deben ser maldecidos
tanto vivos como muertos.»

Y me recetó que hincao
en un trapo de la viuda
frente a una planta de *ruda*
hiciera mis oraciones,
diciendo: —«No tengás duda,
eso cura las pasiones.»

A la viuda en cuanto pude,
un trapo le *manotié;*
busqué la *ruda* y al pie,
puesto en cruz, hice mi reso;
pero, amigos, ni por eso
de mis males me curé.

Me recetó otra ocasión
que comiera *abrojo chico*.
El remedio no me esplico,
mas, por desechar el mal,
al ñudo en un abrojal
fi a ensangrentarme el hocico.

Y con tanta medecina
me parecía que sanaba.
Por momento se aliviaba
un poco mi padecer,
mas si a la viuda encontraba
volvía la pasión a arder.

Otra vez que consulté
su saber estrordinario,
recibió bien su salario
y me recetó aquel pillo
que me colgase tres grillos
ensartaos como rosario.

Por fin, la última ocasión
que por mi mal lo fi a ver,
me dijo: —«No, mi saber
no ha perdido su virtú:
yo te daré la salú,
no triunfará esa mujer.

»Y tené fe en el remedio,
pues la cencia no es chacota.
De esto no entendés ni jota.
Sin que ninguno sospeche,
cortale a un negro tres *motas*
y hacelas hervir en leche.»

Yo andaba ya desconfiando
de la curación maldita,
y dije: —«Éste no me quita
la pasión que me domina;
pues que viva la gallina,
aunque sea con la pepita».

Ansí me dejaba andar,
hasta que en una ocasión
el cura me echó un sermón,
para curarme, sin duda,
diciendo que aquella viuda
era hija de confisión.

Y me dijo estas palabras,
que nunca las he olvidao:
—«Has de saber que el finao
ordenó en su testamento
que naides de casamiento
le hablara en lo sucesivo,
y ella prestó el juramento
mientras él estaba vivo.

»Y es preciso que lo cumpla,
porque ansí lo manda Dios.
Es necesario que vos
no la vuelvas a buscar,
porque si llega a faltar
se condenarán los dos.»

Con semejante alvertencia
se completó mi redota;
le vi los pies a la sota,
y me le alejé a la viuda

más curao que con la *ruda,*
con los grillos y las *motas.*

Después me contó un amigo
que al juez le había dicho el cura:
—«Que yo era un cabeza dura
y que era un mozo perdido,
que me echaran del partido,
que no tenía compostura».

Tal vez por ese consejo,
y sin que más causa hubiera
ni que otro motivo diera,
me agarraron redepente
y en el primer contingente
me echaron a la frontera.

De andar persiguiendo viudas
me he curado del deseo.
En mil penurias me veo;
mas pienso volver tal vez
a ver si sabe aquel juez
lo que se ha hecho mi *rodeo.*

XX

Martín Fierro y sus dos hijos,
entre tanta concurrencia,
siguieron con alegría
celebrando aquella fiesta.

Diez años, los más terribles,
había durado la ausencia,
y al hallarse nuevamente
era su alegría completa.
En ese mesmo momento,
uno que vino de ajuera
a tomar parte con ellos
suplicó que lo almitieran.
Era un mozo forastero
de muy regular presencia
y hacía poco que en el *pago*
andaba dando sus güeltas.
Aseguraban algunos
que venía de la frontera,
que había pelao a un *pulpero*
en las últimas carreras,
pero andaba *despilchao,*
no traia una prenda buena,
un recadito cantor
daba fe de sus pobrezas.
Le pidió la bendición
al que causaba la fiesta,
y sin decirles su nombre
les declaró con franqueza
que el nombre de *Picardía*
es el único que lleva,
y para contar su historia
a todos pide licencia,
diciéndoles que en seguida
iban a saber quién era.
Tomó al punto la guitarra,
la gente se puso atenta,
y ansí cantó *Picardía*
en cuanto templó las cuerdas.

XXI

PICARDÍA

Voy a contarles mi historia,
perdónenme tanta charla,
y les diré al principiarla,
aunque es triste hacerlo así,
a mi madre la perdí
antes de saber llorarla.

Me quedé en el desamparo,
y al hombre que me dio el ser
no lo pude conocer.
Ansí, pues, dende chiquito
volé como un pajarito
en busca de qué comer.

O por causa del servicio,
que a tanta gente destierra,
o por causa de la guerra,*
que es causa bastante seria,
los hijos de la miseria
son muchos en esta tierra.

Ansí, por ella empujado,
no sé las cosas que haría,
y aunque con vergüenza mía,
debo hacer esta alvertencia:
siendo mi madre Inocencia
me llamaban *Picardía*.

Me llevó a su lado un hombre
para cuidar las ovejas.
Pero todo el día eran quejas
y guascazos a lo loco,
y no me daba tampoco
siquiera unas gergas viejas.

Dende la alba hasta la noche
en el campo me tenía.
Cordero que se moría
—mil veces me sucedió—
los *caranchos* lo comían,
pero lo pagaba yo.

De trato tan riguroso
muy pronto me acobardé.
El bonete me apreté
buscando mejores fines,
y con unos *bolantines*
me fui para Santa Fe.

El pruebista principal
a enseñarme me tomó,
y ya iba aprendiendo yo
a bailar en la maroma;
mas me hicieron una broma
y aquello me indijustó.

Una vez que iba bailando,
porque estaba el calzón roto
armaron tanto alboroto
que me hicieron perder pie:
de la cuerda me largué
y casi me descogoto.

Ansí, me encontré de nuevo
sin saber dónde meterme;
y ya pensaba volverme,
cuando, por fortuna mía,
me salieron unas tías
que quisieron recogerme.

Con aquella parentela,
para mí desconocida,
me acomodé ya en seguida,
y eran muy buenas señoras,
pero las más rezadoras
que he visto en toda mi vida.

Con el toque de oración
ya principiaba el rosario;
noche a noche, un calendario
tenían ellas que decir,
y a rezar solían venir
muchas de aquel vecinario.

Lo que allí me aconteció
siempre lo he de recordar,
pues me empiezo a equivocar
y a cada paso *refalo*,
como si me entrara *el Malo*
cuanto me hincaba a resar.

Era como tentación
lo que yo esperimenté;
y jamás olvidaré
cuánto tuve que sufrir,
porque no podía decir
«Artículos de la Fe».

Tenía al lao una mulata,
que era nativa de allí;
se hincaba cerca de mí
como el ángel de la guarda.
¡Pícara!, y era la parda
la que me tentaba ansí.

—«Resá —me dijo mi tía—
artículos de la Fe.»
Quise hablar y me atoré;
la dificultá me aflije.
Miré a la parda, y ya dije:
«Artículos de Santa Fe».

Me acomodó el coscorrón
que estaba viendo venir.
Yo me quise corregir,
a la mulata miré,
y otra vez volví a decir:
«Artículos de Santa Fe».

Sin dificultá ninguna
rezaba todito el día,
y a la noche no podía
ni con un trabajo inmenso;
es por eso que yo pienso
que alguno me tentaría.

Una noche de tormenta
vi a la parda y me entró *chucho*.
Los ojos —me asusté mucho—
eran como refocilo.
Al nombrar a San Camilo
le dije San *Camilucho*.

Ésta me da con el pie,
aquella otra con el codo.
¡Ah, viejas!, por ese modo,
aunque de corazón tierno,
yo las mandaba al infierno
con oraciones y todo.

Otra vez, que, como siempre,
la parda me perseguía,
cuando yo acordé, mis tías
me había sacao un mechón
al pedir la estirpación
de todas las heregías.

Aquella parda maldita
me tenía medio afligido,
y ansí me había sucedido
que al decir «estirpación»
le acomodé «entripación»
y me cayeron sin ruido.

El recuerdo y el dolor
me duraron muchos días.
Soñé con las heregías
que andaban por estirpar;
y pedía siempre al resar
la estirpación de mis tías.

Y dale siempre rosarios,
noche a noche y sin cesar;
dale siempre barajar
salve, trisagios y credos.
Me aburrí de esos enriedos
y al fin me mandé mudar.

XXII

Anduve como pelota
y más pobre que una rata.
Cuando empecé a ganar plata
se armó no sé qué barullo;
yo dije: «A tu tierra, grullo,
aunque sea con una pata».

Eran duros y bastantes
los años que allá pasaron.
Con lo que ellos me enseñaron
formaba mi capital.
Cuanto vine, me enrolaron
en la Guardia Nacional.

Me había egercitao al naipe;
el juego era mi carrera.
Hice alianza verdadera
y arreglé una trapisonda
con el dueño de una fonda
que entraba en la peladera.

Me ocupaba con esmero
en *floriar* una baraja.
Él la guardaba en la caja,
en paquetes, como nueva;
y *la media arroba lleva*
quien conoce la ventaja.

Comete un error inmenso
quien de la suerte presuma:
otro más hábil lo *fuma,*
en un dos por tres lo *pela,*
y lo larga que no vuela
porque le falta una pluma.

Con un socio que lo entiende,
se arman partidas muy buenas;
queda allí la plata agena,
quedan prendas y *botones.*
Siempre cain a esas riuniones
sonzos con las manos llenas.

Hay muchas trampas legales,
recursos del jugador.
No cualquiera es sabedor
a lo que un naipe se presta.
Con una *cincha* bien puesta
se la pega uno al mejor.

Deja a veces ver la boca
haciendo el que se descuida;
juega el otro hasta la vida.
Y es siguro que se *ensarta,*
porque uno muestra una carta
y tiene otra prevenida.

Al *monte,* las precauciones
no han de olvidarse jamás.
Debe afirmarse además
los dedos para el trabajo,
y buscar asiento bajo
que le dé la luz de atrás.

Pa tayar, tome la luz,
dé la sombra al alversario,
acomódese al contrario
en todo juego cartiao:
tener ojo egercitao
es siempre muy necesario.

El contrario abre los suyos,
pero nada ve el que es ciego.
Dándole soga, muy luego
se deja pescar el tonto:
todo *chapetón* cree pronto
que sabe mucho en el juego.

Hay hombres muy inocentes
y que a las *carpetas* van;
cuando *asariados* están,
les pasa infinitas veces:
pierden *en puertas y en treses,*
y dándoles *mamarán.*

El que no sabe no gana,
aunque ruegue a Santa Rita.
En la *carpeta* a un *mulita*
se le conoce al sentarse.
Y conmigo era matarse:
no podían ni a la *manchita.*

En el nueve y otros juegos
llevo ventaja no poca
y siempre que dar me toca
el mal no tiene remedio,
porque sé sacar del medio
y sentar la de la boca.

En el *truco* al más pintao
solía ponerlo en apuro.
Cuando aventajar procuro,
sé tener, como *fajadas,*
tiro a tiro el as de espadas
o flor o envite seguro.

Yo sé defender mi plata
y lo hago como el primero.
El que ha de jugar dinero
preciso es que no se atonte.
Si se armaba una de *monte,*
tomaba parte el fondero.

Un *pastel,* como un *paquete,*
sé llevarlo con limpieza;
dende que a salir empiezan
no hay carta que no recuerde.
Sé cuál se gana o se pierde
en cuanto cain a la mesa.

También por estas jugadas
suele uno verse en aprietos;
mas yo no me comprometo
porque sé hacerlo con arte,
y aunque les corra el descarte
no se descubre el secreto.

Si me llamaban al dao,
nunca me solía faltar
un *cargado* que largar,
un *cruzao* para el más vivo;
y hasta *atracarles* un *chivo*
sin dejarlos maliciar.

Cargaba bien una *taba*,
porque la sé manejar;
no era manco en el billar,
y por fin de lo que esplico
digo que hasta con *pichicos*
era capaz de jugar.

Es un vicio de mal fin
el de jugar, no lo niego;
todo el que vive del juego
anda a la pesca de un bobo,
y es sabido que es un robo
ponerse a jugarle a un ciego.

Y esto digo claramente
porque he dejao de jugar,
y les puedo asigurar,
como que fui del oficio:
más cuesta aprender un vicio
que aprender a trabajar.

XXIII

Un nápoles mercachifle
que andaba con un arpista
cayó también en la lista
sin dificultá ninguna;
lo agarré a la *treinta y una*
y le daba *bola vista*.

Se vino haciendo el chiquito,
por sacarme esa ventaja;
en el pantano se encaja,
aunque robo se le hacía:
lo cegó Santa Lucía
y desocupó las cajas.

Lo hubiera visto afligido
llorar por las chucherías.
—«Ma gañao con picardía»—
decía el *gringo* y lagrimiaba,
mientras yo en un *poncho* alzaba
todita su *merchería*.

Quedó allí aliviao del peso,
sollozando sin consuelo;
había caído en el anzuelo
tal vez porque era domingo,
y esa calidá de *gringo*
no tiene santo en el cielo.

Pero poco aproveché
de *fatura* tan lucida:
el diablo no se descuida,
y a mí me seguía la pista
un *ñato* muy enredista
que era oficial de partida.

Se me presentó a esigir
la multa en que había incurrido,
que el juego estaba prohibido,
que iba a llevarme al cuartel.
Tube que partir con él
todo lo que había alquirido.

Empecé a tomarlo entre ojos
por esa albitrariedá.
Yo había ganao, es verdá,
con recursos, eso sí:
pero él me ganaba a mí
fundao en su autoridá.

Decían que por un delito
mucho tiempo andubo mal;
un amigo servicial,
lo compuso con el juez,
y poco tiempo después
lo pusieron de oficial.

En recorrer el partido
continuamente se empleaba,
ningún *malevo* agarraba,
pero traia en un carguero
gallinas, pavos, corderos
que por ay recoletaba.

No se debía permitir
el abuso a tal estremo.
Mes a mes hacía lo mesmo,
y ansí decía el vecindario:
—«Este *ñato* perdulario
ha resucitao el diezmo.»

La echaba de guitarrero
y hasta de concertador.
Sentao en el mostrador
lo hallé una noche cantando,
y le dije: —«*Co...mo...quiando*
con ganas de oír un cantor.»

Me echó el *ñato* una mirada
que me quiso devorar;
mas no dejó de cantar
y se hizo el desentendido;
pero ya había conocido
que no lo podía pasar.

Una tarde que me hallaba
de visita... vino el *ñato*,
y para darle un mal rato
dije fuerte: —«*Ña...to...ribia*,
no cebe con la agua tibia.»
Y me la entendió el mulato.

Era él todo en el juzgao,
y como que se *achocó*,
ay no más me contestó:
—«Cuando el caso se presiente
te he de hacer tomar caliente
y has de saber quién soy yo.»

Por causa de una mujer
se enredó más la cuestión:
le tenía el *ñato* afición,
ella era mujer de ley,
moza con cuerpo de güey,
muy blanda de corazón.

La hallé una vez de amasijo,
estaba hecha un embeleso,
y le dije: —«Me intereso
en aliviar sus quehaceres,
y ansí, señora, si quiere,
yo le arrimaré los güesos».

Estaba el *ñato* presente,
sentado como de adorno.
Por evitar un trastorno,
ella, al ver que se dijusta,
me contestó: —«Si usté gusta,
arrímelos junto al horno.»

Ay se enredó la madeja
y su enemistá conmigo;
se declaró mi enemigo,
y por aquel cumplimiento
ya sólo buscó un momento
de hacerme dar un castigo.

Yo veia que aquel maldito
me miraba con rencor,
buscando el caso mejor
de poderme echar el *pial;*
y no vive más el lial
que lo que quiere el traidor.

No hay *matrero* que no caiga,
ni arisco que no se amanse.
Ansí, yo, dende aquel lance
no salía de algún rincón,
tirao como el San Ramón *
después que se pasa el trance

XXIV

Me le escapé con trabajo
en diversas ocasiones;
era de los adulones;
me puso mal con el juez;
hasta que al fin, una vez,
me agarró en las eleciones.

Ricuerdo que esa ocasión
andaban listas diversas;
las opiniones dispersas
no se podían arreglar;
decían que el juez, por triunfar,
hacía cosas muy perversas.

Cuando se riunió la gente
vino a ploclamarla el *ñato*,
diciendo con aparato:
"Que todo andaría muy mal
si pretendía cada cual
votar por un candilato."

Y quiso al punto quitarme
la lista que yo llevé;
mas yo se la *mesquiné*
y ya me gritó: «Anarquista,
has de votar por la lista
que ha mandao el Comiqué.»

Me dio vergüenza de verme
tratado de esa manera;
y como si uno se altera
ya no es fácil de que ablande,
le dije: —«Mande el que mande
yo he de votar por quien quiera.

»En las *carpetas* de juego
y en la mesa eletoral,
a todo hombre soy igual.
Respeto al que me respeta;
pero el naipe y la boleta
naides me lo ha de tocar.»

Ay no más ya me cayó
a sable la polecía;
aunque era una picardía,
me decidí a soportar,
y no los quise peliar,
por no perderme ese día.

Atravesao me agarró
y se aprovechó aquel *ñato*.
Dende que sufrí ese trato
no dentro donde no quepo.
Fi a *ginetiar* en el cepo
por cuestión de candilatos.

Injusticia tan notoria
no la soporté de flojo.
Una venda de mis ojos
vino el suceso a voltiar:
vi que teníamos que andar
como perro con *tramojo*.

Desde aquellas eleciones
se siguió el batiburrillo.
Aquél se volvió un ovillo
del que no había ni noticia.
¡Es señora la justicia…
y anda en ancas del más pillo!

XXV

Después de muy pocos días,
tal vez por no dar espera
y que alguno no se fuera,
hicieron citar la gente,
pa riunir un contingente
y mandar a la frontera.

Se puso arisco el gauchage;
la gente está acobardada;
salió la partida armada
y trujo como perdices
unos cuantos infelices
que entraron en la *voltiada*.

Decía el *ñato* con soberbia:
—«Ésta es una gente indina;
yo los rodié a la sordina,
no pudieron escapar;
y llevaba orden de arriar
todito lo que camina.»

Cuando vino el comendante
dijieron: —«Dios nos asista».
Llegó y les clavó la vista,
yo estaba haciéndome el *sonzo*.
Le echó a cada uno un responso
y ya lo plantó en la lista.

—«Cuadráte —le dijo a un negro—,
te estás haciendo el chiquito
cuando sos el más maldito
que se encuentra en todo el *pago*.
Un servicio es el que te hago
y por eso te remito.»

A OTRO

—«Vos no cuidás tu familia
ni le das los menesteres;
visitás otras mugeres,
y es preciso, calabera,
que aprendás en la frontera
a cumplir con tus deberes.»

A OTRO

—«Vos también sos trabajoso;
cuando es preciso votar
hay que mandarte llamar
y siempre andás medio alzao,
sos un desubordinao
y yo te voy a filiar.»

A OTRO

—«¿Cuánto tiempo hace que vos
andás en este partido?
¿Cuántas veces has venido
a la citación del juez?
No te he visto ni una vez,
has de ser algún perdido.»

A OTRO

—«Éste es otro barullero
que pasa en la *pulpería*
predicando noche y día
y anarquizando a la gente.
Irás en el contingente
por tamaña picardía.»

A OTRO

—«Dende la anterior remesa
vos andás medio perdido;
la autoridá no ha podido
jamás hacerte votar;
cuando te mandan llamar
te pasás a otro partido.»

A OTRO

—«Vos siempre *andás de florcita*,
no tenés renta ni oficio;
no has hecho ningún servicio,

— 119 —

no has votado ni una ves.
Marchá… para que dejés
de andar haciendo perjuicio.»

A OTRO

—«Dame vos tu papeleta,
yo te la voy a tener.
Ésta queda en mi poder,
después la recogerás,
y ansí si te resertás
todos te pueden prender.»

A OTRO

—«Vos, porque sos ecetuao
ya te querés sulevar;
no vinistes a votar
cuando hubieron eleciones:
no te valdrán eseciones,
yo te voy a enderezar.»

————

Y a éste por este motivo,
y a otro por otra razón
toditos, en conclusión,
sin que escapara ninguno,
fueron pasando uno a uno
a juntarse en un rincón.

Y allí las pobres hermanas,
las madres y las esposas
redamaban cariñosas
sus lágrimas de dolor;
pero gemidos de amor
no remedian estas cosas.

Nada importa que una madre
se desespere o se queje;
que un hombre a su mujer deje
en el mayor desamparo:
hay que callarse o es claro
que lo quiebran por el eje.

Dentran después a empeñarse
con este o aquel vecino;
y como en el masculino
el que menos corre vuela,
deben andar con cautela
las pobres, me lo imagino.

Muchas al juez acudieron
por salvar de la jugada;
él les *hizo una cuerpiada*,
y por mostrar su inocencia,
les dijo: —«Tengan pacencia,
pues yo no puedo hacer nada.»

Ante aquella autoridá
permanecían suplicantes;
y después de hablar bastante:
—«Yo me lavo —dijo el juez—
como Pilato lo pies:
esto lo hace el comendante.»

De ver tanto desamparo
el corazón se partía,
había madre que salía
con dos, tres hijos o más,
por delante y por detrás,
y las *maletas* vacías.

¿Dónde irán, pensaba yo,
a perecer de miseria?
Las pobres, si de esta feria
hablan mal, tienen razón,
pues hay bastante materia
para tan justa aflición.

XXVI

Cuando me llegó mi turno,
dige entre mí: «Ya me toca.»
Y aunque mi falta era poca,
no sé por qué me asustaba.
Les asiguro que estaba
con el Jesús en la boca.

Me dijo que yo era un vago,
un jugador, un perdido;
que dende que fi al partido
andaba de picaflor;
que había de ser un bandido
como mi antesucesor.

Puede que uno tenga un vicio
y que de él no se reforme;
mas naides está conforme
con recebir ese trato.
Y conocí que era el *ñato*
quien le había dao los informes.

Me dentró curiosidá
al ver que de esa manera
tan siguro me dijera
que fue mi padre un bandido,
luego lo había conocido
y yo inoraba quién era.

Me empeñé en aviriguarlo,
promesas hice a Jesús;
tube por fin una luz,
y supe con alegría
que era el autor de mis días
el *guapo* sargento Cruz.

Yo conocía bien su historia
y la tenía muy presente.
Sabía que Cruz bravamente,
yendo con una partida,
había jugado la vida
por defender a un valiente.

Y hoy ruego a mi Dios piadoso
que lo mantenga en su gloria.
Se ha de conservar su historia
en el corazón del hijo.
Él al morir me bendijo:
yo bendigo su memoria.

Yo juré tener enmienda
y lo conseguí de veras.
Puedo decir ande quiera
que, si faltas he tenido,
de todas me he corregido
dende que supe quién era.

El que sabe ser buen hijo,
a los suyos se parece;
y aquél que a su lado crece
y a su padre no hace honor,
como castigo merece
de la desdicha el rigor.

Con un empeño costante
mis faltas supe enmendar.
Todo conseguí olvidar;
pero, por desgracia mía,
el nombre de *Picardía*
no me lo pude quitar.

Aquél que tiene buen nombre
muchos dijustos ahorra;
y entre tanta *mazamorra*
no olviden esta alvertencia:
aprendí por esperencia
que el mal nombre no se borra.

XXVII

He servido en la frontera,
en un cuerpo de milicias;
no por razón de justicia,
como sirve cualesquiera.

La *bolilla* me tocó
de ir a pasar malos ratos
por la facultá del *ñato*
que tanto me persiguió.

Y sufrí en aquel infierno
esa dura penitencia,
por una malaquerencia
de un oficial subalterno.

No repetiré las quejas
de lo que se sufre allá;
son cosas muy dichas ya
y hasta olvidadas de viejas.

Siempre el mesmo trabajar,
siempre el mesmo sacrificio,
es siempre el mesmo servicio,
y el mesmo nunca pagar.

Siempre cubiertos de harapos,
siempre desnudos y pobres;
nunca le pagan un cobre
ni le dan jamás un trapo.

Sin sueldo y sin uniforme
lo pasa uno aunque sucumba;
conformesé con la *tumba,*
y si no... no se conforme.

Pues si usted se ensoberbece
o no anda muy voluntario
le aplican un *novenario*
de estacas... que lo enloquecen.

Andan como pordioseros,
sin que un peso los alumbre,
porque han tomao la costumbre
de deberle años enteros.

Siempre hablan de lo que cuesta,
que allá se gasta un platal;
pues yo no he visto ni un rial
en lo que duró la fiesta.

Es servicio estrordinario
bajo el fusil y la vara,
sin que sepamos qué cara
le ha dao Dios al *comisario.*

Pues si va a hacer la revista,
se vuelve como una bala.
Es lo mesmo que *luz mala*
para perderse de vista.

Y *de yapa,* cuando va,
todo parece estudiao:
va con meses atrasaos
de gente que ya no está.

Pues ni adrede que lo hagan,
podrán hacerlo mejor;
cuando cai, cai con la paga
del contingente anterior.

Porque son como sentencia
para buscar al ausente,
y el pobre que está presente
que perezca en la endigencia.

Hasta que tanto aguantar
el rigor con que lo tratan,
o se resierta o lo matan,
o lo largan sin pagar.

De ese modo es el *pastel,*
porque el gaucho..., ya es un hecho,
no tiene ningún derecho,
ni naides vuelve por él.

La gente vive marchita.
¡Si viera cuando echan tropa!
Les vuela a todos la ropa
que parecen banderitas.

De todos modos lo cargan,
y al cabo de tanto andar,
cuando lo largan, lo largan
como pa echarse a la mar.

Si alguna prenda le han dao,
se la vuelven a quitar,
poncho, caballo, recao,
todo tiene que dejar.

Y esos pobres infelices,
al volver a su destino,
salen como unos Longinos *
sin tener con qué cubrirse.

A mí me daba congojas
el mirarlos de ese modo,
pues el más aviao de todos
es un peregil sin hojas.

Ahora poco ha sucedido,
con un invierno tan crudo,
largarlos a pie y desnudos
pa volver a su partido.

Y tan duro es lo que pasa,
que en aquella situación
les niegan un *mancarrón*
para volver a su casa.

¡Lo tratan como a un infiel!
Completan su sacrificio
no dándole ni un papel
que acredite su servicio.

Y tiene que regresar
más pobre de lo que jue,
por supuesto, a la mercé
del que lo quiere agarrar.

Y no averigüe despúes
de los bienes que dejó:
de hambre, su mujer vendió
por dos lo que vale diez.

Y como están convenidos
a *jugarle manganeta,*
a reclamar no se meta,
porque ése es tiempo perdido.

Y luego, si a alguna *estancia*
a pedir carne se arrima,
al punto le cain encima
con la ley de la vagancia.*

Y ya es tiempo, pienso yo,
de no dar más contingente.
Si el Gobierno quiere gente,
que la pague, y se acabó.

Y saco ansí, en conclusión,
en medio de mi inorancia,
que aquí el nacer en *estancia*
es como una maldición.

Y digo, aunque no me cuadre
decir lo que naides dijo:
La Provincia es una madre
que no defiende a sus hijos.

Mueren en alguna loma
en defensa de la ley,
o andan lo mesmo que el güey,
arando pa que otros coman.

Y he de decir ansimismo,
porque de adentro me brota,
que no tiene patriotismo
quien no cuida al compatriota.

De entonces en adelante
algo logré mejorar,
pues supe hacerme lugar
al lado del ayudante.

XXVIII

Se me va por dondequiera
esta lengua del demonio.
Voy a darles testimonio
de lo que vi en la frontera.

Yo sé que el único modo
a fin de pasarlo bien
es decir a todo amén
y jugarle risa a todo.

El que no tiene colchón
en cualquier parte se tiende.
El gato busca el *jogón*
y ése es mozo que lo entiende.

De aquí comprenderse debe,
aunque yo hable de este modo,
que uno busca su acomodo
siempre lo mejor que puede.

Lo pasaba como todos
este pobre penitente,
pero salí de asistente
y mejoré en cierto modo.

Pues, aunque esas privaciones
causen desesperación,
siempre es mejor el *jogón*
de aquél que carga galones.

Él se daba muchos aires;
pasaba siempre leyendo;
decían que estaba aprendiendo
pa recebirse de fraile.

Aunque lo *pifiaban* tanto
jamás lo vi dijustao;
tenía los ojos paraos
como los ojos de un santo.

Muy delicao —dormía en *cuja*—
y no sé por qué sería,
la gente lo aborrecía
y le llamaban la *Bruja*.

Jamás hizo otro servicio,
ni tubo más comisiones
que recebir las raciones
de víveres y de *vicios*.

Yo me pasé a su *jogón*
al punto que me sacó,
y ya con él me llevó
a cumplir su comisión.

Estos diablos de *milicos*
de todo sacan partido.
Cuando nos vían riunidos
se limpiaban los hocicos.

Y decían en los jogones,
como por chocarrería:
«Con la *Bruja* y *Picardía*
van a andar bien las raciones.»

A mí no me jue tan mal,
pues mi oficial se arreglaba;
les diré lo que pasaba
sobre este particular.

Decían que estaban de acuerdo
la *Bruja* y el provedor,
y que recebía lo pior…
Puede ser, pues no era lerdo.

Que a más en la cantidá
pegaba otro dentellón,
y que por cada ración
le entregaban la mitá.

Y que esto lo hacía del modo
como lo hace un hombre vivo:
firmando luego el recibo,
ya se sabe, por el todo.

Pero esas murmuraciones
no faltan en campamento.
Déjenme seguir mi cuento
o historia de las raciones.

La *Bruja* los recebía,
como se ha dicho, a su modo;
las cargábamos y todo
se entriega en la *mayoría*.

Sacan allí en abundancia
lo que les toca sacar,
y es justo que han de dejar
otro tanto de ganancia.

Van luego a la compañía,
las recibe el comendante,
el que de un modo abundante
sacaba cuanto quería.

Ansí, la cosa liviana
va mermada por supuesto;
luego, se le entrega el resto
al oficial de semana.

Araña, ¿quién te arañó?
Otra araña como yo.

Éste le pasa al sargento
aquello tan reducido,
y como hombre prevenido
saca siempre con aumento.

Esta relación no acabo
si otra menudencia *ensarto*.
El sargento llama al cabo
para entregarle el reparto.

Él también saca primero
y no se sabe turbar:
naides le va aviriguar
si ha sacado más o menos.

Y sufren tanto bocao
y hacen tantas estaciones,
que ya casi no hay raciones
cuando llegan al soldao.

¡Todo es como pan bendito!
Y sucede de ordinario
tener que juntarse varios
para hacer un pucherito.

Dicen que las cosas van
con arreglo a la ordenanza.
¡Puede ser!, pero no alcanzan:
¡Tan poquito es lo que dan!

Algunas veces yo pienso,
y es muy justo que lo diga:
sólo llegaban las migas
que habían quedao en los lienzos.

Y esplican aquel infierno,
en que uno está medio loco,
diciendo que dan tan poco
porque no paga el Gobierno.

Pero eso yo no lo entiendo,
ni aviriguarlo me meto;
soy inorante completo;
nada olvido y nada apriendo.

Tiene uno que soportar
el tratamiento más vil:
a palos en lo civil,
a sable en lo militar.

El vistuario es otro infierno:
si lo dan, llega a sus manos
en invierno el de verano
y en el verano el de invierno.

Y yo el motivo no encuentro
ni la razón que esto tiene;
mas dicen que eso ya viene
arreglado dende adentro.

Y es necesario aguantar
el rigor de su destino:
el gaucho no es *argentino*
sino pa hacerlo matar.

Ansí ha de ser, no lo dudo,
y por eso decía un tonto:
«Si los han de matar pronto,
mejor es que estén desnudos.»

Pues esa miseria vieja
no se remedia jamás;
todo el que viene detrás
como la encuentra la deja.

Y se hallan hombres tan malos
que dicen de buena gana:
«El gaucho es como la lana:
se limpia y compone a palos.»

Y es forzoso el soportar
aunque la copa se enllene.
Parece que el gaucho tiene
algún pecao que pagar.

XXIX

Esto contó *Picardía*
y después guardó silencio,
mientras todos celebraban
con placer aquel encuentro.
Mas una casualidá,
como que nunca anda lejos,
entre tanta gente blanca
llevó también a un moreno
presumido de cantor
y que se tenía por bueno.
Y como quien no hace nada
o se descuida de intento
(pues siempre es muy conocido
todo aquél que busca pleito),
se sentó con toda calma,
echó mano al estrumento
y ya le pegó un rajido.
Era *fantástico* el negro;
y para no dejar dudas
medio se compuso el pecho.
Todo el mundo conoció
la intención de aquel moreno:
era claro el desafío
dirigido a Martín Fierro,
hecho con toda arrogancia,
de un modo muy altanero.
Tomó Fierro la guitarra,
–pues siempre se halla dispuesto–,
y así cantaron los dos,
en medio de un gran silencio:

XXX

MARTÍN FIERRO

Mientras suene el encordao,
mientras encuentre el compás,
yo no he de quedarme atrás
sin defender la *parada;*
y he jurado que jamás
me la han de llevar robada.

Atiendan, pues, los oyentes
y cáyensen los mirones.
A todos pido perdones,
pues a la vista resalta
que no está libre de falta
quien no está de tentaciones.

A un cantor le llaman bueno
cuando es mejor que los piores;
y sin ser de los mejores,
encontrándose dos juntos,
es deber de los cantores
el cantar de contrapunto.

El hombre debe mostrarse
cuando la ocasión le llegue.
Hace mal el que se niegue
dende que lo sabe hacer,
y muchos suelen tener
vanagloria en que los rueguen.

Cuando mozo fui cantor.
Es una cosa muy dicha.
Mas la suerte se encapricha
y me persigue costante;
de ese tiempo en adelante
canté mis propias desdichas.

Y aquellos años dichosos
trataré de recordar;
veré si puedo olvidar
tan desgraciada mudanza.
Y quien se tenga confianza
tiemple y vamos a cantar.

Tiemple y cantaremos juntos.
Trasnochadas no acobardan.
Los concurrentes aguardan,
y por que el tiempo no pierdan,
haremos gemir las cuerdas
hasta que las velas no ardan.

Y el cantor que se presiente,
que tenga o no quien lo ampare,
no espere que yo dispare,
aunque su saber sea mucho.
Vamos en el mesmo *pucho*
a prenderle hasta que aclare.

Y seguiremos si gusta
hasta que se vaya el día.
Era la costumbre mía
cantar las noches enteras.
Había entonces dondequiera
cantores de fantasía.

Y si alguno no se atreve
a seguir la caravana,
o si cantando no gana,
se lo digo sin lisonja:
haga sonar una esponja
o ponga cuerdas de lana.

EL MORENO

Yo no soy, señores míos,
sino un pobre guitarrero;
pero doy gracias al cielo
porque puedo en la ocasión
toparme con un cantor
que esperimente a este negro.

Yo también tengo algo blanco,
pues tengo blancos los dientes;
sé vivir entre las gentes
sin que me tengan en menos:
quien anda en *pagos* agenos
debe ser manso y prudente.

Mi madre tuvo diez hijos,
los nueve muy regulares,
tal vez por eso me ampare
la Providencia divina:
en los güevos de gallina
el décimo es el más grande.

El negro es muy amoroso,
aunque de esto no hace gala;

nada a su cariño iguala
ni a su tierna voluntá;
es lo mesmo que el *macá*:
cría los hijos bajo el ala.

Pero yo he vivido libre
y sin depender de naides;
siempre he cruzado a los aires
como el pájaro sin nido;
cuanto sé lo he aprendido
porque me lo enseñó un *flaire*.

Y sé como cualquier otro
el porqué retumba el trueno,
por qué son las estaciones
del verano y del invierno;
sé también de dónde salen
las aguas que cain del cielo.

Yo sé lo que hay en la tierra
en llegando al mesmo centro;
en dónde se encuentra el oro,
en dónde se encuentra el fierro,
y en dónde viven bramando
los volcanes que echan juego.

Yo sé del fondo del mar
donde los *pejes* nacieron;
yo sé por qué crece el árbol,
y por qué silvan los vientos.
Cosas que inoran los blancos
las sabe este pobre negro.

Yo tiro cuando me tiran,
cuando me aflojan, aflojo.
No se ha de morir de antojo
quien me convide a cantar:
para conocer a un cojo
lo mejor es verlo andar.

Y si una falta cometo
en venir a esta riunión
echándola de cantor
pido perdón en voz alta,
pues nunca se halla una falta
que no esista otra mayor.

De lo que un cantor esplica
no falta qué aprovechar,
y se le debe escuchar
aunque sea negro el que cante:
apriende el que es inorante,
y el que es sabio apriende más.

Bajo la frente más negra
hay pensamiento y hay vida;
la gente escuche tranquila,
no me haga ningún reproche:
también es negra la noche
y tiene estrellas que brillan.

Estoy, pues, a su mandao;
empiece a echarme la sonda
si gusta que le responda,
aunque con lenguaje tosco;
en leturas no conozco
la jota por ser redonda.

MARTÍN FIERRO

¡Ah negro!, si sos tan sabio,
no tengás ningún recelo;
pero has tragao el anzuelo,
y, al compás del estrumento,
has de decirme al momento
cuál es el canto del cielo.

EL MORENO

Cuentan que de mi color
Dios hizo al hombre primero;
mas los blancos altaneros,
los mesmos que lo convidan,
hasta de nombrarlo olvidan,
y sólo lo llaman negro.

Pinta el blanco negro al diablo,
y el negro blanco lo pinta.
Blanca la cara o retinta,
no habla en contra ni en favor:
de los hombres el Criador
no hizo dos clases distintas.

Y después de esta alvertencia,
que al presente viene a pelo,
veré, señores, si puedo,
sigún mi escaso saber,
con claridá responder
cuál es el canto del cielo.

Los cielos lloran y cantan
hasta en el mayor silencio;

lloran al cair el rocío,
cantan al silbar los vientos,
lloran cuando cain las aguas,
cantan cuando brama el trueno.

MARTÍN FIERRO

Dios hizo al blanco y al negro
sin declarar los mejores;
les mandó iguales dolores
bajo de una mesma cruz;
mas también hizo la luz
pa distinguir los colores.

Ansí, ninguno se agravie;
no se trata de ofender;
a todo se ha de poner
el nombre con que se llama,
y a naides le quita fama,
lo que recibió al nacer.

Y ansí me gusta un cantor
que no se turba ni yerra;
y si en su saber se encierra
el de los sabios projundos,
decíme cuál en el mundo
es el canto de la tierra.

EL MORENO

Es pobre mi pensamiento,
es escasa mi razón;
mas pa dar contestación

mi inorancia no me arredra:
también da chispas la piedra
si la golpea el eslabón.

Y le daré una respuesta,
sigún mis pocos alcances:
forman un canto en la tierra
el dolor de tanta madre,
el gemir de los que mueren
y el llorar de los que nacen.

MARTÍN FIERRO

Moreno, alvierto que trais
bien dispuesta la garganta.
Sos varón, y no me espanta
verte hacer esos primores.
En los pájaros cantores
sólo el macho es el que canta.

Y ya que al mundo vinistes
con el sino de cantar,
no te vayas a turbar,
no te agrandes ni te achiques;
es preciso que me espliques
cuál es el canto del mar.

EL MORENO

A los pájaros cantores
ninguno imitar pretiende.
De un don que de otro depende,

naides se debe alabar,
pues la urraca apriende hablar,
pero sólo la hembra apriende.

Y ayúdame, ingenio mío,
para ganar esta apuesta.
Mucho el contestar me cuesta,
pero debo contestar.
Voy a decirle en respuesta
cuál es el canto del mar.

Cuando la tormenta brama
el mar, que todo lo encierra,
canta de un modo que aterra.
Como si el mundo temblara,
parece que se quejara
de que lo estreche la tierra.

MARTÍN FIERRO

Toda tu sabiduría
has de mostrar esta vez;
ganarás sólo que estés
en vaca con algún santo:
la noche tiene su canto,
y me has de decir cuál es.

EL MORENO

No galope, que hay augeros,
le dijo a un *guapo* un prudente.
Le contesto humildemente:

La noche por cantos tiene
esos ruidos que uno siente
sin saber de dónde vienen.

Son los secretos misterios
que las tinieblas esconden;
son los ecos que responden
a la voz del que da un grito,
como un lamento infinito,
que viene no sé de dónde.

A las sombras sólo el sol
las penetra y las impone.
En distintas direciones
se oyen rumores inciertos:
son almas de los que han muerto,
que nos piden oraciones.

MARTÍN FIERRO

Moreno, por tus respuestas
ya te aplico el cartabón,
pues tenés desposición
y sos estruido *de yapa.*
Ni las sombras se te escapan
para dar esplicación.

Pero cumple su deber
el leal diciendo lo cierto,
y por lo tanto te alvierto
que hemos de cantar los dos,
dejando en la paz de Dios
las almas de los que han muerto.

Y el consejo del prudente
no hace falta en la partida.
Siempre ha de ser comedida
la palabra de un cantor.
Y aura quiero que me digas
de dónde nace el amor.

EL MORENO

A pregunta tan escura
trataré de responder,
aunque es mucho pretender
de un pobre negro de *estancia;*
mas conocer su inorancia
es principio del saber.

Ama el pájaro en los aires,
que cruza por dondequiera,
y si al fin de su carrera
se asienta en alguna rama
con su alegre canto llama
a su amante compañera.

La fiera ama en su guarida,
de la que es rey y señor;
allí lanza con furor
esos bramidos que espantan,
porque las fieras no cantan;
las fieras braman de amor.

Ama en el fondo del mar
el pez de lindo color;
ama el hombre con ardor,

ama todo cuanto vive.
De Dios vida se recibe,
y donde hay vida hay amor.

MARTÍN FIERRO

Me gusta, negro ladino,
lo que acabás de esplicar.
Ya te empiezo a respetar,
aunque al principio me reí,
y te quiero preguntar
lo que entendés por la ley.

EL MORENO

Hay muchas dotorerías
que yo no puedo alcanzar.
Dende que aprendí a inorar,
de ningún saber me asombro;
mas no ha de llevarme al hombro
quien me convide a cantar.

Yo no soy cantor ladino
y mi habilidá es muy poca;
mas cuando cantar me toca
me defiendo en el combate,
porque soy como los *mates:*
sirvo si me abren la boca.

Dende que elige a su gusto,
lo más espinoso elige:

pero esto poco me aflige,
y le contesto a mi modo:
La ley se hace para todos,
mas sólo al pobre le rige.

La ley es tela de araña.
En mi inorancia lo esplico:
No la tema el hombre rico,
nunca la tema el que mande,
pues la ruempe el vicho grande
y sólo enrieda a los chicos.

Es la ley como la lluvia:
nunca puede ser pareja;
el que la aguanta se queja,
pero el asunto es sencillo,
la ley es como el cuchillo:
no ofiende a quien lo maneja.

Le suelen llamar espada.
Y el nombre le viene bien:
los que la gobiernan ven
a dónde han de dar el tajo:
le cai al que se halla abajo
y corta sin ver a quién.

Hay muchos que son dotores,
y de su cencia no dudo;
mas yo soy un negro rudo,
y, aunque de esto poco entiendo,
estoy diariamente viendo
que aplican la del embudo.

MARTÍN FIERRO

Moreno, vuelvo a decirte:
ya conozco tu medida;
has aprovechao la vida
y me alegro de este encuentro.
Ya veo que tenés adentro
capital pa esta partida.

Y aura te voy a decir,
porque en mi deber está,
y hace honor a la verdá
quien a la verdá se duebla,
que sos por juera tinieblas
y por dentro claridá.

No ha de decirse jamás
que abusé de tu paciencia:
y en justa correspondencia,
si algo querés preguntar,
podés al punto empezar,
pues ya tenés mi licencia.

EL MORENO

No te trabes, lengua mía,
no te vayas a turbar.
Nadie acierta antes de errar;
y aunque la fama se juega,
el que por gusto navega
no debe temerle al mar.

Voy a hacerle mis preguntas,
ya que a tanto me convida;
y vencerá en la partida
si una esplicación me da
sobre el tiempo y la medida,
el peso y la cantidá.

Suya será la vitoria,
si es que sabe contestar.
Se lo debo declarar
con claridá, no se asombre,
pues hasta aura ningún hombre
me lo ha sabido esplicar.

Quiero saber y lo inoro,
pues en mis libros no está,
y su respuesta vendrá
a servirme de gobierno:
para qué fin el Eterno
ha criado la cantidá.

MARTÍN FIERRO

Moreno, te dejás cair
como *carancho* en su nido.
Ya veo que sos prevenido,
mas también estoy dispuesto.
Veremos si te contesto
y si te das por vencido.

Uno es el sol, uno el mundo,
sola y única es la luna.
Ansí, han de saber que Dios

no crió cantidá ninguna.
El ser de todos los seres
sólo formó la unidá;
lo demás lo ha criado el hombre
después que aprendió a contar.

EL MORENO

Veremos si a otra pregunta
da una respuesta cumplida:
el ser que ha criado la vida
lo ha de tener en su archivo,
mas yo inoro qué motivo
tuvo al formar la medida.

MARTÍN FIERRO

Escuchá con atención
lo que en mi inorancia arguyo:
la medida la inventó
el hombre para bien suyo.
Y la razón no te asombre,
pues es fácil presumir:
Dios no tenía que medir
sino la vida del hombre.

EL MORENO

Si no falla su saber
por vencedor lo confieso.
Debe aprender todo eso

quien a cantar se dedique.
Y aura quiero que me esplique
lo que significa el peso.

MARTÍN FIERRO

Dios guarda entre sus secretos
el secreto que eso encierra,
y mandó que todo peso
cayera siempre a la tierra;
y, sigún compriendo yo,
dende que hay bienes y males,
fue el peso para pesar
las culpas de los mortales.

EL MORENO

Si responde a esta pregunta
téngase por vencedor.
Doy la derecha al mejor
y respóndame al momento:
¿Cuándo formó Dios el tiempo
y por qué lo dividió?

MARTÍN FIERRO

Moreno, voy a decir,
sigún mi saber alcanza:
el tiempo sólo es tardanza
de lo que está por venir;
no tuvo nunca principio
ni jamás acabará.

Porque el tiempo es una rueda,
y rueda es eternidá;
y si el hombre lo divide
sólo lo hace, en mi sentir,
por saber lo que ha vivido
o le resta que vivir.

Ya te he dado mis respuestas,
mas no gana quien *despunta;*
si tenés otra pregunta
o de algo te has olvidao,
siempre estoy a tu mandao
para sacarte de dudas.

No procedo por soberbia
ni tampoco por jatancia,
mas no ha de faltar costancia
cuando es preciso luchar,
y te convido a cantar
sobre cosas de la *estancia.*

Ansí prepará, moreno,
cuanto tu saber encierre;
y sin que tu lengua yerre,
me has de decir lo qué empriende
el que del tiempo depende
en los meses que train erre.

EL MORENO

De la inorancia de naides
ninguno debe abusar;
y aunque me puede doblar

todo el que tenga más arte,
no voy a ninguna parte
a dejarme machetiar.

He reclarao que en leturas
soy *redondo* como jota.
No avergüence mi redota,
pues con claridá le digo:
no me gusta que conmigo
naides juegue a la pelota.

Es buena ley que el más lerdo
debe perder la carrera.
Ansí le pasa a cualquiera
cuando en competencia se halla
un cantor de media talla
con otro de talla entera.

¿No han visto en medio del campo
al hombre que anda perdido,
dando güeltas aflijido
sin saber dónde *rumbiar?*
Ansí le suele pasar
a un pobre cantor vencido.

También los árboles crugen
si el ventarrón los azota.
Y si aquí mi queja brota
con amargura, consiste
en que es muy larga y muy triste
la noche de la redota.

Y dende hoy en adelante
pongo de testigo al cielo

para decir sin recelo
que si mi pecho se inflama
no cantaré por la fama,
sino por buscar consuelo.

Vive ya desesperado
quien no tiene qué esperar.
A lo que no ha de durar
ningún cariño se cobre:
alegrías en un pobre
son anuncios de un pesar.

Y este triste desengaño
me durará mientras viva.
Aunque un consuelo reciba
jamás he de alzar el vuelo:
quien no nace para el cielo,
de valde es que mire arriba.

Y suplico a cuantos me oigan
que me permitan decir
que al decidirme a venir
no sólo jue por cantar,
sino porque tengo a más
otro deber que cumplir.

Ya saben que de mi madre
fueron diez los que nacieron;
mas ya no existe el primero
y más querido de todos:
murió, por injustos modos,
a manos de un pendenciero.

Los nueve hermanos restantes
como güérfanos quedamos.
Dende entonces lo lloramos
sin consuelo, creanmeló,
y al hombre que lo mató,
nunca jamás lo encontramos.

Y queden en paz los güesos
de aquel hermano querido.
A moverlos no he venido;
mas si el caso se presienta,
espero en Dios que esta cuenta
se arregle como es debido.

Y si otra ocasión *payamos*
para que esto se complete,
por mucho que lo respete
cantaremos, si le gusta,
sobre las muertes injustas
que algunos hombres cometen.

Y aquí, pues, señores míos,
diré, como en despedida,
que todavía andan con vida
los hermanos del dijunto,
que recuerdan este asunto
y aquella muerte no olvidan.

Y es misterio tan projundo
lo que está por suceder,
que no me debo meter
a echarla aquí de adivino:
lo que decida el destino
después lo habrán de saber.

MARTÍN FIERRO

Al fin cerrastes el pico
después de tanto charlar;
ya empezaba a maliciar
al verte tan *entonao,*
que traías un embuchao
y no lo querías largar.

Y ya que nos conocemos,
basta de conversación.
Para encontrar la ocasión
no tienen que darse priesa.
Ya conozco yo que empiesa
otra clase de junción.

Yo no sé lo que vendrá:
tampoco soy adivino;
pero firme en mi camino
hasta el fin he de seguir:
todos tienen que cumplir
con la ley de su destino.

Primero fue la frontera
por persecución de un juez,
los indios fueron después,
y para nuevos estrenos
ahora son estos morenos
pa alivio de mi vejez.

La madre echó diez al mundo,
lo que cualquiera no hace;
y tal vez de los diez pase
con iguales condiciones.

La *mulita* pare nones
todos de la mesma clase.

A hombre de humilde color
nunca sé facilitar.
Cuando se llega a enojar
suele ser de mala entraña;
se vuelve como la araña,
siempre dispuesta a picar.

Yo he conocido a toditos
los negros más peliadores.
Había algunos superiores
de cuerpo y de vista... *¡ay, juna!,*
si vivo, les daré una...
historia de los mejores.

Mas cada uno ha de tirar
en el yugo en que se vea.
Yo ya no busco peleas,
las contiendas no me gustan;
pero ni sombras me asustan
ni bultos que se menean.

La creía ya desollada,
mas todavía falta el rabo,
y por lo visto no acabo
de salir de esta jarana.
Pues esto es lo que se llama
remachársele a uno el clavo.

el *coginillo* es blandura,
y con el *poncho* o la *gerga*,
para salvar del rocío,
se cubre hasta la cabeza.
Tiene su cuchillo al lado,
pues la precaución es buena;
freno y rebenque a la mano,
y teniendo el *pingo* cerca,
que pa asigurarlo bien
la argolla del lazo entierra,
aunque el atar con el lazo
da del hombre mala idea,
se duerme ansí muy tranquilo
todita la noche entera;
y si es lejos del camino,
como manda la prudencia,
más siguro que en su rancho
uno ronca a pierna suelta.
Pues en el suelo no hay chinches,
y es una *cuja* camera,
que no ocasiona disputas
y que naides se la niega.
Además de eso, una noche
la pasa uno como quiera,
y las va pasando todas
haciendo la mesma cuenta.
Y luego, los pajaritos,
al aclarar, lo dispiertan,
porque el sueño no lo agarra
a quien sin cenar se acuesta.
Ansí, pues, aquella noche
jue para ellos una fiesta,
pues todo parece alegre
cuando el corazón se alegra.

XXXI

Y después de estas palabras,
que ya la intención revelan,
procurando los presentes
que no se armara pendencia,
se pusieron de por medio
y la cosa quedó quieta.
Martín Fierro y sus muchachos,
evitando la contienda,
montaron y, paso a paso,
como el que miedo no lleva,
a la costa de un arroyo
llegaron a echar pie a tierra.
Desensillaron los *pingos*
y se sentaron en rueda,
refiriéndose entre sí
infinitas menudencias:
porque tiene muchos cuentos
y muchos hijos la ausencia.
Allí pasaron la noche
a la luz de las estrellas,
porque ése es un cortinao
que lo halla uno dondequiera,
y el gaucho sabe arreglarse
como ninguno se arregla.
El colchón son las *caronas*,
el *lomillo* es cabecera,

No pudiendo vivir juntos
por su estado de pobreza,
resolvieron separarse,
y que cada cual se juera
a procurarse un refujio
que aliviara su miseria.
Y antes de desparramarse
para empezar vida nueva,
en aquella soledá,
Martín Fierro, con prudencia,
a sus hijos y al de Cruz
les habló de esta manera:

XXXII

Un padre que da consejos,
más que padre es un amigo.
Ansí, como tal les digo
que vivan con precaución:
naides sabe en qué rincón
se oculta el que es su enemigo.

Yo nunca tuve otra escuela
que una vida desgraciada.
No estrañen si en la jugada
alguna vez me equivoco,
pues debe saber muy poco
aquél que no aprendió nada.

Hay hombres que de su cencia
tienen la cabeza llena;
hay sabios de todas *menas;*
mas digo, sin ser muy ducho:
es mejor que aprender mucho
el aprender cosas buenas.

No aprovechan los trabajos
si no han de enseñarnos nada.
El hombre, de una mirada,
todo ha de verlo al momento.
El primer conocimiento
es conocer cuándo enfada.

Su esperanza no la cifren
nunca en corazón alguno;
en el mayor infortunio
pongan su confianza en Dios;
de los hombres, sólo en uno;
con gran precaución, en dos.

Las faltas no tienen límites
como tienen los terrenos;
se encuentran en los más buenos,
y es justo que les prevenga:
Aquél que defectos tenga
disimule los ajenos.

Al que es amigo jamás
lo dejen en la estacada;
pero no le pidan nada
ni lo aguarden todo de él.
Siempre el amigo más fiel
es una conduta honrada.

Ni el miedo ni la codicia
es bueno que a uno lo asalten.
Ansí, no se sobresalten
por los bienes que perezcan.
Al rico nunca le ofrezcan
y al pobre jamás le falten.

Bien lo pasa hasta entre *pampas*
el que respeta a la gente.
El hombre ha de ser prudente
para librarse de enojos;
cauteloso entre los flojos,
moderao entre valientes.

El trabajar es la ley,
porque es preciso alquirir.
No se espongan a sufrir
una triste situación:
sangra mucho el corazón
del que tiene que pedir.

Debe trabajar el hombre
para ganarse su pan;
pues la miseria, en su afán
de perseguir de mil modos,
llama en la puerta de todos
y entra en la del haragán.

A ningún hombre amenacen,
porque naides se acobarda;
poco en conocerlo tarda
quien amenaza imprudente;
que hay un peligro presente
y otro peligro se aguarda.

Para vencer un peligro,
salvar de cualquier abismo,
por esperencia lo afirmo:
más que el sable y que la lanza
suele servir la confianza
que el hombre tiene en sí mismo.

Nace el hombre con la astucia
que ha de servirle de guía;
sin ella sucumbiría;
pero, sigún mi esperencia,
se vuelve en unos prudencia
y en los otros picardía.

Aprovecha la ocasión
el hombre que es diligente;
y tenganló bien presente,
si al compararla no yerro:
la ocasión es como el fierro:
se ha de machacar caliente.

Muchas cosas pierde el hombre
que a veces las vuelve a hallar;
pero les debo enseñar,
y es bueno que lo recuerden:
si la vergüenza se pierde,
jamás se vuelve a encontrar.

Los hermanos sean unidos,
porque ésa es la ley primera;
tengan unión verdadera
en cualquier tiempo que sea,
porque si entre ellos pelean
los devoran los de ajuera.

Respeten a los ancianos;
el burlarlos no es hazaña;
si andan entre gente estraña
deben ser muy precabidos,
pues por igual es tenido
quien con malos se acompaña.

La cigüeña cuando es vieja
pierde la vista, y procuran
cuidarla en su edá madura
todas sus hijas pequeñas.
Apriendan de las cigüeñas
este ejemplo de ternura.

Si les hacen una ofensa,
aunque la echen en olvido,
vivan siempre prevenidos,
pues ciertamente sucede
que hablará muy mal de ustedes
aquél que los ha ofendido.

El que obedeciendo vive
nunca tiene suerte blanda,
mas con su soberbia agranda
el rigor en que padece.
Obedezca el que obedece
y será bueno el que manda.

Procuren de no perder
ni el tiempo ni la vergüenza;
como todo hombre que piensa
procedan siempre con juicio,
y sepan que ningún vicio
acaba donde comienza.

Ave de pico encorvado,
le tiene al robo afición;
pero el hombre de razón
no roba jamás un cobre,
pues no es vergüenza ser pobre
y es vergüenza ser ladrón.

El hombre no mate al hombre,
ni pelee por fantasía.
Tiene en la desgracia mía
un espejo en que mirarse.
Saber el hombre guardarse
es la gran sabiduría.

La sangre que se redama
no se olvida hasta la muerte.
La impresión es de tal suerte,
que a mi pesar, no lo niego,
cai como gotas de fuego
en la alma del que la vierte.

Es siempre, en toda ocasión,
el trago el pior enemigo.
Con cariño se los digo,
recuerdenló con cuidado:
aquél que ofiende embriagado
merece doble castigo.

Si se arma algún revolutis,
siempre han de ser los primeros
No se muestren altaneros
aunque la razón les sobre.
En la barba de los pobres
aprienden pa ser barberos.

Si entriegan su corazón
a alguna muger querida,
no le hagan una partida
que la ofienda a la mujer;
siempre los ha de perder
una mujer ofendida.

Procuren, si son cantores,
el cantar con sentimiento,
no tiemplen el estrumento
por sólo el gusto de hablar,
y acostúmbrense a cantar
en cosas de jundamento.

Y les doy estos consejos
que me ha costado alquirirlos,
porque deseo dirijirlos;
pero no alcanza mi cencia
hasta darles la prudencia
que precisan pa seguirlos.

Estas cosas y otras muchas
medité en mis soledades.
Sepan que no hay falsedades
ni error en estos consejos:
es de la boca del viejo
de ande salen las verdades.

XXXIII

Después, a los cuatro vientos
los cuatro se dirijieron.
Una promesa se hicieron,
que todos debían cumplir;
mas no la puedo decir,
pues secreto prometieron.

Les advierto solamente,
y esto a ninguno le asombre,
pues muchas veces el hombre
tiene que hacer de ese modo:
convinieron entre todos
en mudar allí de nombre.

Sin ninguna intención mala
lo hicieron, no tengo duda;
pero es la verdá desnuda,
siempre suele suceder:
aquél que su nombre muda
tiene culpas que esconder.

Y ya dejo el estrumento
con que he divertido a ustedes.
Todos conocerlo pueden
gue tuve costancia suma.
Éste es un botón de pluma
que no hay quien lo desenriede.

Con mi deber he cumplido
y ya he salido del paso;
pero diré, por si acaso,
pa que me entiendan los criollos:
todavía me quedan rollos
por si se ofrece *dar lazo*.

Y con esto me despido
sin esperar hasta cuándo.
Siempre corta por lo blando
el que busca lo siguro;
mas yo corto por lo duro,
y ansí he de seguir cortando.

Vive el águila en su nido,
el tigre vive en la selva,
el zorro en la cueva agena,
y en su destino incostante
sólo el gaucho vive errante
donde la suerte lo lleva.

Es el pobre en su orfandá
de la fortuna el desecho,
porque naides toma a pechos
el defender a su raza.
Debe el gaucho tener casa,
escuela, iglesia y derechos.

Y han de concluir algún día
estos enriedos malditos.
La obra no la *facilito*,
porque aumentan el fandango
los que están como el *chimango*
sobre el cuero y dando gritos.

Mas Dios ha de permitir
que esto llegue a mejorar;
pero se ha de recordar,
para hacer bien el trabajo,
que el fuego, pa calentar,
debe ir siempre por abajo.

En su ley está el de arriba
si hace lo que le aproveche;
de sus favores sospeche
hasta el mesmo que lo nombra:
siempre es dañosa la sombra
del árbol que tiene leche.

Al pobre al menor descuido
lo levantan de un sogazo;
pero yo compriendo el caso
y esta consecuencia saco:
el gaucho es el cuero flaco:
da los *tientos* para el lazo.

Y en lo que esplica mi lengua
todos deben tener fe.
Ansí, pues, entiéndanme:
con codicias no me mancho:
no se ha de llover el rancho
en donde este libro esté.

Permítanme descansar,
¡pues he trabajado tanto!
En este punto me planto
y a continuar me resisto.
Éstos son treinta y tres cantos,
que es la mesma edá de Cristo.

Y guarden estas palabras
que les digo al terminar:
en mi obra he de continuar
hasta dárselas concluida,
si el ingenio o si la vida
no me llegan a faltar.

Y si la vida me falta,
tenganló todos por cierto
que el gaucho, hasta en el desierto,
sentirá en tal ocasión
tristeza en el corazón
al saber que yo estoy muerto.

Pues son mis dichas desdichas
las de todos mis hermanos,
ellos guardarán ufanos
en su corazón mi historia;
me tendrán en su memoria
para siempre mis *paisanos*.

Es la memoria un gran don,
calidá muy meritoria;
y aquéllos que en esta historia
sospechen que les doy palo
sepan que olvidar lo malo
también es tener memoria.

Mas naides se crea ofendido,
pues a ninguno incomodo;
y si canto de este modo
por encontrarlo oportuno,
NO ES PARA MAL DE NINGUNO,
SINO PARA BIEN DE TODOS.

VOCABULARIO

Abarajar: Parar los golpes del contrario; también, ensartar al rival con el cuchillo.

Abombar: Aturdir.

Abrojo chico: Cepa caballo, planta a la que se atribuyen virtudes medicinales.

Acoyarao (acollarado): Unido a otro por la collera.

Achacar: Atribuir, imputar erróneamente.

Achocar: Acusar el golpe y sentirse molesto.

Achurar: Sacar las entrañas, herir.

Aflojar manija: La *manija* es la bola más pequeña de las boleadoras, que se sujeta con la mano mientras se hacen girar las otras. Metafóricamente, no ha de ceder en su propósito de cantar y denunciar.

Agí (ají): Pimiento picante, colorado.

Aguaitar: Acechar, espiar.

Aindiao: Parecido al indio.

Aleluya: Palabrería.

Alma grande: Voluntad fuerte.

Alzar el poncho: Huir.

Alzar por las cuarenta: Ganar con facilidad.

Amujar (amusgar): Echar para atrás las orejas el caballo como síntoma de furia o de mansedumbre.

Andar de florcita: Haraganeando.

Angurria: Avidez desmedida.

Aparcero: Amigo, socio.

Apedarse: Emborracharse.

Apiarse: Apearse, desmontar.

Aportar: Acercar a la puerta.

Apotrar(se): Ofuscarse, irritarse.

Argentino: Una sola vez se menciona este gentilicio.

Arisco: Huidizo.

Armada: Abertura del lazo, que se cierra para aprisionar a un animal.

Arriar (arrear) con las riendas: Hacer andar a un animal manso con ligeros toques de riendas.

Asariado (azareado): De azararse, irritarse, aturdirse.

Aspas: Cuernos. De burla, alusión a la frente de un hombre.

Astillas (hacerse): Caballo que da saltos encorvando el lomo.

Atajarse: Prevenirse.

Atarascar: Derivado de tarascón, mordisco.

Atracar(se) a alguien: Acercarse.

Atravesao (atravesado): En condiciones desfavorables.

¡Ay, juna!: ¡Ay, hijo de una...!

Bagual: Caballo cimarrón.

Baquiano (vaquiano): Hombre del campo que por su conocimiento del terreno presta servicios de guía.

¡Barajo!: Interjección relacionada con el juego de cartas, y sustituye además a otra fácilmente deducible.

Barato: Pequeña cantidad de dinero, que regala a quienes contemplan la partida el que gana en el juego.

Barear: Hacer ejercitar al caballo para competir en una carrera.

Barraco (Varraco o verraco): Cerdo.

Bastos: Asiento del recado o silla de montar.

Bichoco: Caballo viejo o enfermo, con defectos en las patas.

Bola vista: Conceder ventaja al contrario en este juego de billar.

Bolada: Oportunidad.

Bolantines: Volatineros.

Bolas: En vez de boleadoras. Las bolas propiamente dichas son normalmente de piedra y están forradas en cuero. Son tres y la más pequeña de ellas se llama *manija.*

Bolazo: Mentira disparatada.

Boliarse: Perder el equilibrio al ponerse sobre las patas traseras.

Boliche: Tienda muy inferior a la pulpería.

Bolilla: Suerte.

Bomberos: Espías enemigos.

Bordona: Cuerda gruesa de sonido bajo.

Botón (al): Inútilmente.

Botones: Monedas que se ponían de adorno en el tirador.

Bozal: Inepto, torpe, incapaz de expresarse bien.

Boyo: Plata (dinero).

Buena cuenta: Socorro.

Caiban: Forma popular del imperfecto de indicativo de caer.

Calamaco: De color rojo

Calzoncillo: Calzones amplios, terminados en flecos sobre los que se colocaba el *chiripá.*

Camándulas: Mañas.

Camilucho: Indio jornalero o gaucho que trabaja como peón.

Campiar (campear): Buscar en el campo animales o personas.

Cantores de fantasía: De lujo.

Cantramilla: Especie de pincho, pendiente de la *picana,* con el que se azuzaba a los bueyes medieros.

Cañadón: Hondonada llena de agua.

Capitanejo: Jefe indio de segundo rango.

Carancho: Ave de rapiña de la pampa.

Carbonada: Guiso de carne con choclo (maíz), zapallo (especie de calabaza), patatas, arroz, etc.

Carne con cuero: Carne asada con la piel de la res.

Carne de cogote: La menos aprovechable de la res, pescuezo.

Carnero: Sepultura, fosa común.

Carniar (carnear): Matar la res para aprovechar su carne.

Carona: Pieza de cuero, bajo el asiento del apero del caballo.

Carpeta: La colgadura que se ponía en la puerta de las tabernas, y también la mesa de juego.

Cepiada: Castigo que consiste en atar a un hombre a un cepo.

Cerdiar (cerdear): Cortar las cerdas de la cola a un equino.

Certifica(d)o: El documento, falso naturalmente, que acreditaba la propiedad de la res vendida.

Chacra: Finca agrícola de pequeña extensión.

Chafalote: Hombre basto, ordinario. Caballo grande y torpe.

Chaguarazo: Chaguar es una planta textil con la que se hacen sogas. De ahí chaguarazo, latigazo.

Chajá: Ave zancuda, que suele anidar en lugares encharcados.

Chamuscao: Hombre algo bebido.

Chancleta: Cobarde, flojo.

Chancho: Cerdo.

Changango: Guitarra ordinaria.

Chapaliar (chapalear): Chapotear.

Chapetón: Bisoño, inexperto.

Charabón: Ñandú al que le están saliendo las plumas.

Chasque: Mensajero, recadero.

Chaucha (le pelan la): Le arruinan. Pelar la chaucha (judía o frijol tierno) puede significar esgrimir el facón.

Chicote: Látigo.

Chifle: Vasija hecha con asta de buey.

Chimango: Ave rapaz más pequeña que el carancho.

China: Mujer, cristiana o india.

Chiripá: Pieza de paño que el gaucho se coloca entre las piernas, sobre los calzoncillos.

Chivo: Dado preparado.

Chucho: Miedo.

Chumbo: Disparo de arma de fuego.

Chuncaco: Especie de sanguijuela.

Chusma: Se designa a las personas que entre los indios no eran aptos para la guerra, mujeres, ancianos y niños.

Cimarrón: Mate sin azúcar, amargo. También, caballo en estado salvaje y hombre fugitivo.

Cimbrón: Tirón dado al lazo para derribar a un animal.

Cincha: Trampa en la que se sacan dos naipes en vez de uno en forma disimulada.

Clavo: Punta de hierro en el extremo de la caña o picana que se llevaba en las carretas para azuzar a los bueyes.

Co...mo...quiando: Moqueando.

Coginillo (cojinillo): Manta de lana que el jinete pone en la silla para su comodidad.

Comisario: Encargado de los pagos.

Corcoviar: Contestar en turno.

Costiar(se): Tomarse la molestia de trasladarse a un lugar.

Cotín: Tela de colchón.

Cruzada: Cruce (del desierto).

Cuarta: Soga utilizada para *cuartear:* ayudar a un caballo a tirar de un carruaje por medio de una soga.

Cubija (cobija): Manta.

Cueriar (cuerear): Despellejar, quitar el cuero a un animal.

Cuerpiada (cuerpeada) (hacer una): Esquivar o eludir su responsabilidad con buenas palabras.

Cuja: Cama de madera de cierta categoría.

Dar (alce): Dar ocasión.

Dar (lazo): Ir soltando cuerda, una vez apresado el animal.

Desocando: Dislocando.

Despilchao (despilchado): Andrajoso.

Despuntar: Adelantarse.

Disparar: Huir.

Echar panes: Presumir de bravo.

Embramar: Atar a un caballo a una estaca o palenque (bramadero) a corta distancia.

Embretear (embretar): Encerrar al ganado para que no escape.

Enancaos: Montados dos jinetes en el mismo caballo, uno sobre las ancas.

Encocorar: Enojar.

Enganchao: Soldado que se enrola voluntariamente, a sueldo.

Ensartar: Herir. Figuradamente, se mete en un lío.

Entonarse: Envalentonarse.

Entrevero: Choque de dos cargas de caballería.

Entripao (entripado): Enojo.

Envenao (envenado): Cuchillo con mango de verga de toro.

Escarciar: Movimiento de cuello y cabeza hecho por el caballo repetidamente de arriba abajo.

Esposición: Deformación por oposición.

Estaca: Las trampas para zorros consistían en un lazo atado a una rama flexible o a una estaca.

Estancia: Establecimiento rural agrícola-ganadero.

Estaquiar: Castigar a uno atando sus extremidades a estacas.

Éste que no yerra fuego: Metáfora por el cuchillo.

Estricote (al): De mala manera.

Facilitar: Fiar, confiar en alguien o en algo.

Fajadas: Aseguradas las suertes del truco.

Fantástico: Extravagante, ostentoso, presuntuoso.

Fatura: Cosa, hecho.

Felpa de palos: Paliza.

Flaire: Fraile.

Fletes: Caballos de buena clase.

Flor (de mí): Expresión para aludir a algo muy selecto.

Floriar: Marcar.

Flus (a): Sin dinero. Expresión del juego de cartas. Aquí, desamparados.

Frangoyar: Hacer una cosa mal y con precipitación.

Fumar: Engañar.

Ganar el tirón: Adelantarse a la acción de otro.

Garifo (jarifo): Hermoso, vistoso, adornado.

Garrón: Corvejón de un animal.

Gato: Danza criolla zapateada.

Gauchada: Sinónimo de acto generoso, noble.

Gavilla: Junta de mucha gente plebeya o despreciable.

Gaviota (las de): Las patas o las piernas.

Gerga (jerga): Pieza de lana que forma parte del apero del caballo. Se coloca debajo de la *carona.*

Ginetiar (jinetear): Montar un potro para domarlo.

Grano: Maíz.

Gringo: Extranjero de lengua no castellana.

Grullo: La moneda de plata de un peso. También, ave zancuda que huye de la orilla del mar tierra adentro.

Guacho: Huérfano. También tratándose de animales.

Guadal: Terreno blando, movedizo.

Gualicho: Conjuro.

Guanaco: Cuadrúpedo lanar que corre velozmente.

Guapo: Arrogante, valiente y, más aún, bravucón.

Guasca: Lonja de cuero para hacer prendas de montura.

Guayaca: Bolsita para el dinero.

Güey corneta: Buey con un cuerno desviado o con uno solo. Por extensión, individuo que se distingue de los demás.

Güeya: Huella.

Ha garto: Haga alto.

Hacienda: Ganado.

Hacienda baguala: Ganado cimarrón.

Hebra: Buscar la hebra equivale a buscar la veta en la madera para cortarla mejor o herir en lugar vulnerable.

Hijitos de la cuna: Niños incluseros, de casa cuna.

Hilacha (mostrar la): Revelar su personalidad.

Hilachas: Poncho.

Hocicos (se limpiaban los): Murmuraban.

Huaincá: Exclamación araucana para designar al hombre blanco.

Humo (al): A ciegas, atropellando.

Ioká-iokâ: Exclamación de los pampas, para estimular a la acción.

Jabón (hacer): Pasar miedo.

Jagüel: Represa para disponer de agua para el ganado.

Jogón: Fogón era el punto de reunión en estancias y fortines.

La media arroba lleva: Lleva ventaja.

Lanza (de): Gente de lanza, guerreros.

Lata (latón): Sable.

Lenguaraz: Intérprete.

Lengüetiar: Conversar con rapidez y en forma confusa.

Limeta: Frasco de licor.

Lomillo: Pieza principal del apero, la silla.

Lonja: Tira de cuero.

Lonjear: Afeitar la piel de un caballo para sacar una lonja.

Luz (como): Ser muy ligero, muy vivo.

Luz (les hacía ver la): La de los destellos de las monedas; es decir, les pagaba.

Luz mala: Fuego fatuo.

Lloronas: Espuelas de doma.

Macá: Especie de pato silvestre.

Maleta: Alforja, bolsa de cuero o lona.

Malevo: Malévolo, malhechor.

Malo (el): Diablo.

Malón: Acometida, asalto inesperado de los indios.

Mamao: Borracho.

Mamar: Caer en la trampa, morder el anzuelo.

Mancarrón: Caballo viejo, poco útil.

Manchita: Juego de niños.

Mandarme mudar: Irme.

Maneas: Piezas de cuero para inmovilizar las patas de un caballo.

Manganeta (jugarle): Engañarle.

Maniador (maneador): Soga de cuero para atar el caballo cuando pace.

Manotiar (manotear): Robar.

Mansera: Palo que sirve para dirigir el arado cuando se traba con algún obstáculo.

Máquina: Multitud.

Mascada: Bocado, dinero.

Mataco: Lo mismo que quirquincho.

Matambre: Carne de la res entre las costillas y el pellejo, muy buscada por los gauchos.

Mate: Infusión preparada con yerba mate, que constituye la bebida nacional de los países del Plata. *Mate frío:* Revela indiferencia por parte de quien lo sirve hacia quien lo recibe.

Matrero: Rebelde, huido de la justicia.

Matucho: Sotreta, caballo viejo e inútil.

Maula: Cobarde.

Mayoría: Oficina del sargento u oficial mayor.

Mazamorra: Bizcocho de maíz molido (pisado) en un mortero y hervido. También, barullo, acumulación de problemas.

Medio: Moneda de níquel de muy poco valor. Medio real.

Menas: Clases.

Menudiar: Insistir en una acción.

Merchería: Mercancía.

Mesquinar: Negar.

Milico: Soldado.

Milonga: Baile típico criollo. En sentido figurado, enredo.

Monte: Juego de cartas de puro azar.

Morao (morado): Tímido, cobarde.

Moro de número: Moro es el caballo de pelo negro, con alguna mezcla de blanco. *De número,* resalta la calidad.

Moro sin señor (como): Libremente, sin ocupación.

Motas: Formas ensortijadas del pelo del negro.

Mulita: Además de designar a un tipo de armadillo, significa, en sentido figurado, inexperto, novato.

Nación: Extranjero.

Naco: Mazo de tabaco del que se extraía lo necesario para un cigarrillo.

Negocios: Aparte de la acepción común, significa también tienda.

Noque: Recipiente de cuero que puede ser de gran tamaño.

Novenario de estacas: Latigazos con una vara.

Nunca sé: Nunca acostumbro.

Ña...to...ribia: Juego de palabras entre "señora Toribia" y "ñato", que sugiere perverso.

Ñanduses: Plural habitual de nandú. Avestruz americano, de tamaño menor que el africano.

Ñato: Chato.

Ñudo (al): En vano.

Ollín (de) (hollín): El negro.

Ombú: Árbol típico de la pampa, de corteza gruesa y blanda y con madera fofa.

Pa-po-litano: Juego con la palabra "napolitano", y un prefijo despectivo que alude a "papo", parte del órgano sexual femenino.

Paco: Llama o alpaca.

Pago: Lugar de nacimiento o residencia habitual.

Paisano: Equivale a hombre del campo; también, camarada.

Pajonal: Parte del campo con hierbas altas y secas, pajas.

Palenque: Estacada donde se atan los animales.

Paleta: Cuarto delantero de un caballo o una res, junto al cuello.

Pampa: Los indios pampas eran los que vivían en el sur de la provincia de Buenos Aires y en el hoy llamado Territorio de la Pampa.

Pampero: Viento típico de la pampa, que sopla del sur hacia el oeste. Es seco, frío y violento, pero reconfortante. Anuncia la llegada del buen tiempo.

Pango: Confusión, trifulca.

Papel (hacer): Hacer el paripé.

Papelón (hacer): Ponerse en ridículo.

Paquete: Engaño, trampa.

Parada: Apuesta, habitualmente monetaria.

Paregeros: Caballos adiestrados para tomar parte en carreras en pareja.

Partida: Compctición previa a la carrera, que se realiza entre dos caballos, a media rienda y en corto espacio, hasta que ambos quedan igualados. También, milicia o policía rural.

Pastel: Farsa; naipes amañados y, también, pastelitos.

Pastos: La alta hierba de la pampa.

Pata ancha (hacer): Enfrentarse con un peligro.

Patrio de posta: Caballo perteneciente al Estado.

Pava: Recipiente donde se calienta el agua.

Pavo de la boda: Pavo equivale a tonto, bobo. En este caso, el que paga los vidrios rotos.

Payar: Cantar en competencia dos gauchos, acompañándose de guitarra.

Pedo: Borrachera.

Peje: Pez.

Pelar: Quitar y también sacar.

Pelar la breva: Despojar, arrebatar, robar.

Pelarse: Despellejarse, lastimarse la piel como consecuencia del roce al montar inexpertamente a caballo.

Peluda: Peliaguda.

Peludo: Mamífero desdentado de pequeño tamaño, cubierto con caparazón y poseedor de fuertes uñas. Por extensión, borrachera.

Pellón: Especie de cojín pequeño usado en la silla del caballo.

Pericón: Baile típico del Río de la Plata, con acompañamiento de guitarra.

Pialar: Arrojar el lazo (*peal* o *pial*) a las patas delanteras de un animal para provocar su caída.

Piche: Una nueva clase de armadillo.

Pichel: Botella.

Pichicos: Huesos de las patas de una res.

Pies a la sota (le vi los): Tomado del juego de naipes. Equivale a se me abrieron los ojos, vi claro el peligro.

Pifiar: Burlarse.

Pijotiar (pijotear): mezquinar, cicatear.

Pilcha: Prenda de vestir o del recado de montar. También mujer amada.

Pingo: Caballo ágil y ligero.

Pitar del juerte: Fumar tabaco negro fuerte. En sentido figurado, castigar con dureza.

Pitar: Fumar.

Plaito: Pleito.

Planazo (planaso): Golpe dado con un arma cortante.

Playa: Terreno llano y despejado, sin matorrales.

Pollera: Falda.

Poncho: Pieza rectangular de lana u otro tejido, con abertura en el centro; prenda esencial en la vestimenta del gaucho.

Porrudo: De pelo abundante y enredado, que puede recordar al del negro.

Potro: No necesariamente caballo joven, sino el aún no domado.

Poyo (pollo) (hacerse el): Hacerse el inocente.

Prima: Primera cuerda de la vihuela.

Pucha: Interjec., variante de la palabra para designar a una prostituta.

Pucho: Colilla de cigarro o pequeño sobrante de algo sin valor.

Puebleros: Habitantes de las ciudades o pueblos importantes.

Puertas y en treses (en): Jugadas particulares del monte.

Pulpero: Dueño de una *pulpería:* tienda de bebidas, comestibles y objetos diversos, que servía también como punto de reunión y esparcimiento de los gauchos.

Puntas: Grupos, porciones de ganado.

Puntiao (Punteado): Principio de borrachera.

Puyones: Especie de espolones de metal que se ponen a los gallos de pelea sobre los auténticos para acrecentar su capacidad de agresión.

Quincho: Pared o valla de ramas o juncos.

Quirquinchos: Todos los armadillos reciben el nombre genérico de quirquincho.

Ramada (enramada): cobertizo hecho de ramas sostenidas por palos.

Rastrillada: Rastros dejados por los caballos de los indios.

Rastrillar el jusil: Montarlo para disparar.

Rayando el flete: Rayar, detener súbitamente el caballo lanzado a la carrera haciéndolo girar sobre las patas.

Redomón: Potro recién domado.

Redondo: Ignorante.

Refalar: Resbalar e irse, trasladarse a otro lado, quitar.

Refocilo (refucilo): Relámpago.

Rengo: Cojo. *Renguera:* Cojera.

Repuntar: Reunir las cabezas de ganado dispersas por el campo.

Resago (rezago): El residuo, el resto.

Retobao (retobado): Forrado. Por extensión, irritado.

Reyuno: Caballo del Estado.

Rienda arriba: Cuando se dejaban las riendas sobre el caballo era señal de que éste se hallaba domesticado.

Rodeo: Lugar donde se reúne el ganado.

Ruda: Arbusto con cuyas hojas se preparan infusiones curativas.

Rumbiar (rumbear): Dirigirse a algún sitio.

Saguaipé: Sanguijuela.

Sangiador: Zanjeador, que hace zanjas.

Seca: Sequía.

Sin yel: Animoso, dispuesto para el trabajo.

Sinchones (cinchones): Sobrecinchas de cuero para terminar de ajustar el recado al caballo.

Socorro: Parte anticipada del sueldo.

Soga: Se alude a la cuerda de una de las boleadoras.

Sonzos (zonzos): Tontos.

Sotreta: Caballo viejo e inútil.

Taba (a la): Se alude aquí a uno de los juegos predilectos de los gauchos.

Taco: Trago.

Tacuara: Caña de gran tamaño.

Tala: Árbol frondoso, cuya madera es muy útil.

Talariar: Tararear.

Tamangos: Calzado tosco consistente en una envoltura de cuero, frecuentemente usado por los negros.

Tapao (escuro): Caballo de color totalmente negro.

Tape: Indio.

Tapera: Casa o rancho abandonado y ruinoso.

Tendal: Cosas desparramadas.

Terne: Valentón, buscador de peleas.

Tero: Ave zancuda de riachuelos o lugares húmedos.

Tiento: Filamento de cuero.

Tirador: Cinturón de cuero con bolsillos para el dinero.

Tocando tablas: Pelado, arruinado.

Toldería: Poblado indio formado por *toldos* o ranchos indios pampas hechos con cuero y palos.

Torta frita: Manjar inferior al pastel.

Toruno: Toro mal castrado, que conserva cierto vigor.

Torzales: Sogas de tiras de cuero entrelazadas.

Tramojo: Horqueta que se colgaba al cuello de algunos animales, para evitar que saltaran cercados.

Tranca: Borrachera.

Tranco (al): Paso largo y firme del caballo.

Trastabillar: Tropezar.

Treinta y una: Máximo número de puntos que puede conseguirse en el juego de cartas de este nombre.

Tres marías: Constelación. Metafóricamente, las boleadoras.

Trompa: Clarín; también el trompeta.

Tropa: Conjunto de reses.

Truco: El más típico juego de cartas en Argentina.

Tumba: Rancho del soldado consistente en pedazos de carne de mala calidad hervida.

Vaca (en): De acuerdo, en sociedad o combinación con alguien.

Venir a humo: Atacar.

Vicios: Así se denominaba a la yerba mate, el tabaco y el papel de fumar que el Gobierno proporcionaba a los que hacían el servicio de fronteras.

Vichar: Mirar, espiar.

Virgüela: Viruela.

Vizcachera: Guarida de las vizcachas (viscacha o biscacha): roedor de color pardo, áspera barba y fuertes uñas.

Volié la anca: Me enfrenté con él. Voliar (voelar): la anca significa normalmente echar pie a tierra.

Voltiada (Volteada): Operación consistente en ir derribando animales a los que se iba dejando sujetos para ocuparse de ellos al final.

Yaguané: Pelo de caballo o res con dos franjas blancas a lo largo de la espina dorsal. Por extensión, piojo.

Yapa (de): Además.

Yeguada matrera: El adjetivo matrero aplicado a animales equivale a salvaje, cimarrón.

Yerba: Yerba mate. Nunca se utiliza en este caso la grafía hierba.

Yuyos: Hierba silvestre, maleza.

Zarco: De ojos con el iris casi blanco o azul claro.

* *Cuervo:* El ave que mandó Noé desde el arca para comprobar si el diluvio había remitido y no volvió.

* *Ganza:* Don Martín de Gaínza, ministro del Ejército durante la presidencia de Domingo Faustino Sarmiento.

* *La guerra:* Alusión evidente a la guerra del Paraguay que sostuvieron contra este país la Argentina, el Brasil y el Uruguay de 1865 a 1870, durante la presidencia de Bartolomé Mitre.

* *Ley de la vagancia:* En 1865 se promulgó el Código rural de la provincia de Buenos Aires, donde se contemplaba el problema de la vagancia.

* *Longinos:* Semidesnudo, así aparecía en estampas o grabados Longinos, el centurión que participó en los hechos de la pasión de Cristo.

* *Rosas:* Juan Manuel de Rosas, dictador derrocado en 1852, que llenó una larga y fundamental etapa de la vida argentina.

* *San Ramón:* San Ramón nonato, abogado de los partos.

ÍNDICE

TÍTULOS DE LA COLECCIÓN